Der
kürzeste
Weg
zwischen
zwei
Menschen
ist ein
Lächeln!
Ihre Daberer-Urlaubs-

Herwig Ertl/Barbara Hutter/Ferdinand Neumüller/Beni Mooslechner

NACH EINER IDEE VON HERWIG ERTL

Gute Unterhaltung beim Entfalten dieses Flecken Erde wünscht Ihnen mit Herzkraft

Ihr Edelgreißler Herwig Ertl

IMPRESSUM:

ISBN 978-3-9503185-0-0

Buchgestaltung & Satz: *Grafik Design Mooslechner KG, Wien; www.grafik.mooslechner.com*
Druck & Bindung: *Druckerei Theiss GmbH, St. Stefan im Lavanttal*

HerzKraft

Das köstlichste Eck Kärntens erzählt ...

So viel Mensch in der Region!

Es ist Zeit, die Billigprodukte im Regal stehen zu lassen. Genuss ist keine Frage der Menge – wer jedes Stück zelebriert und nicht gierig hinunterschluckt, hat mehr vom Leben.

Wir verbrauchen, wir konsumieren, aber was geben wir zurück? Herwig Ertl hat in seinem Buch „Herzkraft" Menschen porträtiert, die ihre Energie auch reinstecken und nicht nur verbrauchen. Das sind beeindruckende Geschichten von Menschen, die als Spinner angefangen haben und jetzt die Region bereichern.

Regionalität ist das neue Bio. Das eine löst das andere nicht ab, sondern erweitert es. Wenn man nachdenkt und sich beginnt zu fragen, was man da eigentlich isst, dann kommt man schnell darauf, dass regionale Produkte wichtig sind. Einheimische Erzeugnisse reisen nicht in Containern um die halbe Welt, es gibt sie gleich hier. Regionalität ist der Reichtum einer Region. Es ist das Kulturgut, die Tradition, die Vielfalt, es sind die Spezialitäten und die Eigenheiten. Ob Kulinarisches, das nur hier geschaffen werden kann oder Engagement, das der Gemeinschaft zu Gute kommt. Regionalität ist das Herzblut der Region.

Regionalität boomt, weil es hier um Vertrauen geht und manchmal sogar um Freundschaft. Weil man einfach vorbeischauen kann und über die Schulter und hinter die Kulissen blicken darf. Bei Regionalität geht es um das Zwischenmenschliche. Da ist es nur gut, wenn die Helden dieses Buches „so viel Mensch" in ihre Arbeit stecken. An etwas zu glauben, ist der Anstoß, aber Verantwortung zu zeigen ist der Mehrwert. Hier verbinden sich die Wege: Regional, bio und fair kann man nicht isoliert betrachten, es gehört zusammen.

HerzKraft VON HERWIG ERTL

Ich bin stolz, es gemacht

Ein Gefühl hat mich durch das ganze Projekt hindurch getragen: der Stolz auf diesen Flecken Erde, der so viele kreative und innovative Dickköpfe hervor gebracht hat, mehr als irgendwo anders.

Das sollte am Ende stehen, und jetzt steht es doch am Anfang. Denn manchmal dachte ich mir: Wozu machst du ein Buch, in dem der ganze Ort mit seinen Nachbarn, ja das ganze köstlichste Eck Kärntens erzählt? Auch, weil sich da doch einige immer wieder fragten: Hat er zu wenig Arbeit in seiner Edelgreißlerei, möchte er „reich" werden? War sein erstes Buch EINFACH GENUSS so ein Erfolg? Für die Allgemeinheit macht er es jedenfalls nicht, so viel Arbeit und Zeitaufwand könnte er für sein Geschäft besser nützen.

Doch dann schob ich diese Gedanken beiseite, da ich wusste, dass ich das beste Team für dieses Projekt mit Barbara Hutter, Karin Waldner-Petutschnig, Ferdinand Neumüller und Beni Mooslechner gewinnen konnte, für ein einzigartiges Projekt.

Ich bin während unserer Recherchen im köstlichsten Eck Kärntens Menschen begegnet, die ich noch nicht kannte, die mir ein Stück Heimat geschenkt haben. Denn ich habe gespürt, dass auch sie nach der Botschaft der Genussfestspiele leben. Heimat hört nicht bei der Landesgrenze auf. Heimat ist überall dort, wo man Menschen in die Augen blickt und das Gefühl hat, zuhause zu sein. Und jetzt verstehe ich, dass, wer hierher kommt, das Gefühl hat, als Sie-Gast anzukommen und als Du-Freund heim zu fahren. Und wer das „Märchen" gelesen hat, wird feststellen, dass wir nicht am Ende der Welt hinter den sieben Bergen sind, sondern vielleicht sogar am Nabel der Welt, an einem Ort, wo der Mensch noch zählt und die Qualität noch Stimme hat, und seine Ansichten die Welt ein wenig verändern können.

Am Schluss haben es dann vielleicht alle verstanden. Auch, weil ich nach dem Motto lebe: Wenn wir nicht neidig sind, haben wir alle genug. Manchmal nicht einfach, gut, aber das einzig Richtige, um etwas gemeinsam zu bewegen.

Herzkraft schenkt Lebensqualität, schenkt Heimat, schenkt Zufriedenheit.

Ich widme dieses Buch allen, die mir Ihr Vertrauen geschenkt haben und den Mut, bei diesem Projekt dabei zu sein und allen Freunden und Gästen, die bereit sind, ihrerseits ein Stück Heimat geschenkt zu bekommen.

Zwischen Bodenhaftung und

Tief im Kärntnerischen liegt ein außergewöhnlicher Flecken Erde. Hier sprießen nachhaltige Vordenker aus dem Boden wie anderswo nur die Eierschwammerl. Bericht einer Begegnung.

Wer auf die Landkarte blickt, dem mag es wohl abgelegen scheinen. Auch für all jene, die aus der Hauptstadt anreisen, sind erst nach vielen Kurven die Kirchtürme von Kötschach und Mauthen zu erspähen. Auszahlen tut es sich allemal. Denn es ist keine gewöhnliche Fahrt, sondern eine Art Zeitreise, die zu diesem Flecken im äußersten Südwesten Kärntens führt. Eine Art deswegen, weil hier die Uhren langsamer und gleichzeitig schneller laufen, das Vorgestern aufs Übermorgen trifft und das Getane aufs Gedachte. Überhaupt ist hier ein Treffpunkt, ein Epizentrum schlechthin. Sogar ganz im Großen gesehen. Die euroasiatische Platte trifft hier auf die afrikanische, und so gesehen leben die Gail- und Lesachtaler auf der Schnittstelle zwischen zwei Welten. Doch Geologie, tektonische Verschiebungen und periadriatische Nähte beiseite – hier trifft noch viel mehr aufeinander. Wie im Großen, so im Kleinen, lautet eine alte Wahrheit der Mystiker, Magier und Alchemisten. Und so läuft eins ins andere. Zu einer Zeit, als in der römischen Straßenstation „Loncium“ – im heutigen Mauthen – noch niemand ans Bierbrauen gedacht hat oder die Kraft der Gebirgswasser mehr Ärgernis denn Energiequelle war, da trafen bereits Kulturen, ganze Welten aufeinander, mischte sich Slawisches mit Keltischem und

Blick in die Ferne

Mediterranem. Wo früher erschöpfte Soldaten auf Befehl den Plöckenpass unter Einsatz ihres Lebens gegen die Nachbarn verteidigten, fährt man heute gerne von hüben nach drüben, auf einen Espresso oder zum Einkaufen. Und jene Pfade, auf denen einst die Sage weiße Gämsen, salige Frauen oder gar den Leibhaftigen gesehen haben will, sorgen heute etwa als Karnischer Höhenwanderweg für Naturerlebnisse und verbindlichen Weitblick.

Es mag wohl diese Verbindung zwischen Bodenhaftung und Blick in die Ferne sein, der rund um Kötschach-Mauthen außergewöhnlich viele Querköpfe und Vordenker entstehen ließ. Die Begegnungen haben fruchtbare Spuren hinterlassen, einen Menschenschlag geschaffen, der sich nicht unterkriegen lässt und seinen Visionen treu bleibt. Auch, wenn andere darüber lächeln.

„Es sind die Begegnungen mit Menschen, die das Leben lebenswert machen." Das sagt einer, der hier geboren ist und der wie kaum ein anderer diesen Geist, den Genius Loci, hinausträgt - über das Tal und über die Landesgrenzen hinweg. Herwig Ertl hat aus der Greißlerei seiner Eltern eine Pilgerstätte für Gourmets gemacht und ist der nimmermüde Botschafter für einen genussvollen Umgang mit der Natur, mit den Mitmenschen und nicht zuletzt mit sich selbst. Wer über sein Engagement im „hintersten Eck" Kärntens schmunzelt, dem setzt der Edelgreißler gerne entgegen: „Eck ja, aber das köstlichste Eck Kärntens!" So nennt er es, seit mit dem ersten „Käsefest" der kulinarische Höhenflug der kleinen Region ihren Anfang nahm. Schon damals setzten die Kötschacher und Mauthner dem Internationalisierungswahn ihre eigenen Ideen und Produkte entgegen, ein Weg, der konsequent weiter gegangen wurde und damit ein modernes Märchen schuf.

Heute gehören die Passstraßen wieder den Menschen, die hier leben. Die Verkehrsfluten rauschen weit abseits über die Autobahn, nach München, Wien und Udine. In Kötschach-Mauthen und seinen umliegenden Dörfern jedoch ist es nur scheinbar still geworden. Unter der sanften Decke der Beschaulichkeit pocht ein ruhiger, kraftvoller Herzschlag. Wer seinen Fuß auf diesen Boden setzt, spürt ihn. Wer hier lebt, ist Teil davon – Teil des Eigensinns, der Beharrlichkeit von gestern, ebenso wie der Neugierde, der Ungeduld, der Fantasie von morgen. So entstehen Projekte. So werden neue Wege betreten und zu Straßen in die Zukunft. So werden Ideen angewandte Wirklichkeit. So wird ein Ort, eine Region zu einem Kraftplatz. Der sie im Grunde immer schon war.

Der Grenzgänger

Als die Pässe noch unwegbar und die Grenzen zwischen hüben und drüben gut bewacht waren, da verspürten zwei junge Burschen aus dem kleinen Tal, in dem noch ein wundersamer Dialekt gesprochen wurde, große Lust auf einen Krug kühlen Bieres, wie es hinter dem Berg gezapft wurde. Dort jedoch ward einer der beiden eines schönen Mädchens gewahr und verlor sein Herz von Stund an. Der Berg aber zeigte sich als gar grausames Hindernis, trennte im Winter die Liebenden durch Schnee und Eis, und manch bange Stunde harrte die Maid der vertrauten Schritte umsonst. Doch die Lenze gingen ins Land und der gestrenge Vater sah die aufrichtige Treue des Jünglings, so dass er ihm zuletzt die Hand seiner Tochter gab.

Wohl hätten sich Luigino Plozner und seine Ingrid ein Leben in Italien vorstellen können, der Familienrat wollte es anders. So blieb der unerschrockene Grenzgänger bei seiner jungen Frau in Gundersheim, die Sprache war ihm nicht so fremd, kommt Luigino doch aus Timau, jener Sprachinsel hinter dem Plöckenpass, wo noch „Tischlbongerisch“ gesprochen wird. Angeblich einst von Bergleuten aus dem Gailtal besiedelt, wird in dieser kleinen Region der alte Dialekt noch von rund 400 Menschen gesprochen und zeigt, wie eng hier seit Jahrhunderten der Austausch zwischen Österreich und Italien ist. Seit März 2011 ist Timau von der EU offiziell als Sprachinsel anerkannt. Anerkennung hat auch Luigino Plozner geerntet, der sich nach zahlreichen Spezialausbildungen seinen Weg unbeirrt – wie einst durch die Schneewächten - vom Kunstschmied zum „European Welding Specialist“ und nunmehr Produktionsleiter des Familienbetriebs gebahnt hat. Sogar die Staatsbürgerschaft seiner neuen Heimat hat er angenommen und bezeichnet seine Zeit beim Bundesheer als „beste Zeit“. Ironie der Behörde: Ein italienischer Pass steht nur Luiginos Sohn Alois und seiner Frau Ingrid zu. Was ihn zum Lachen bringt. „Dann bin ich der einzige Österreicher im Haus!“

LUIGINO & INGRID PLOZNER
Grafendorf 128, 9634 Gundersheim
Tel. 0043 (0)6644945652, www.carnia.it

Blick ins köstlichste Eck

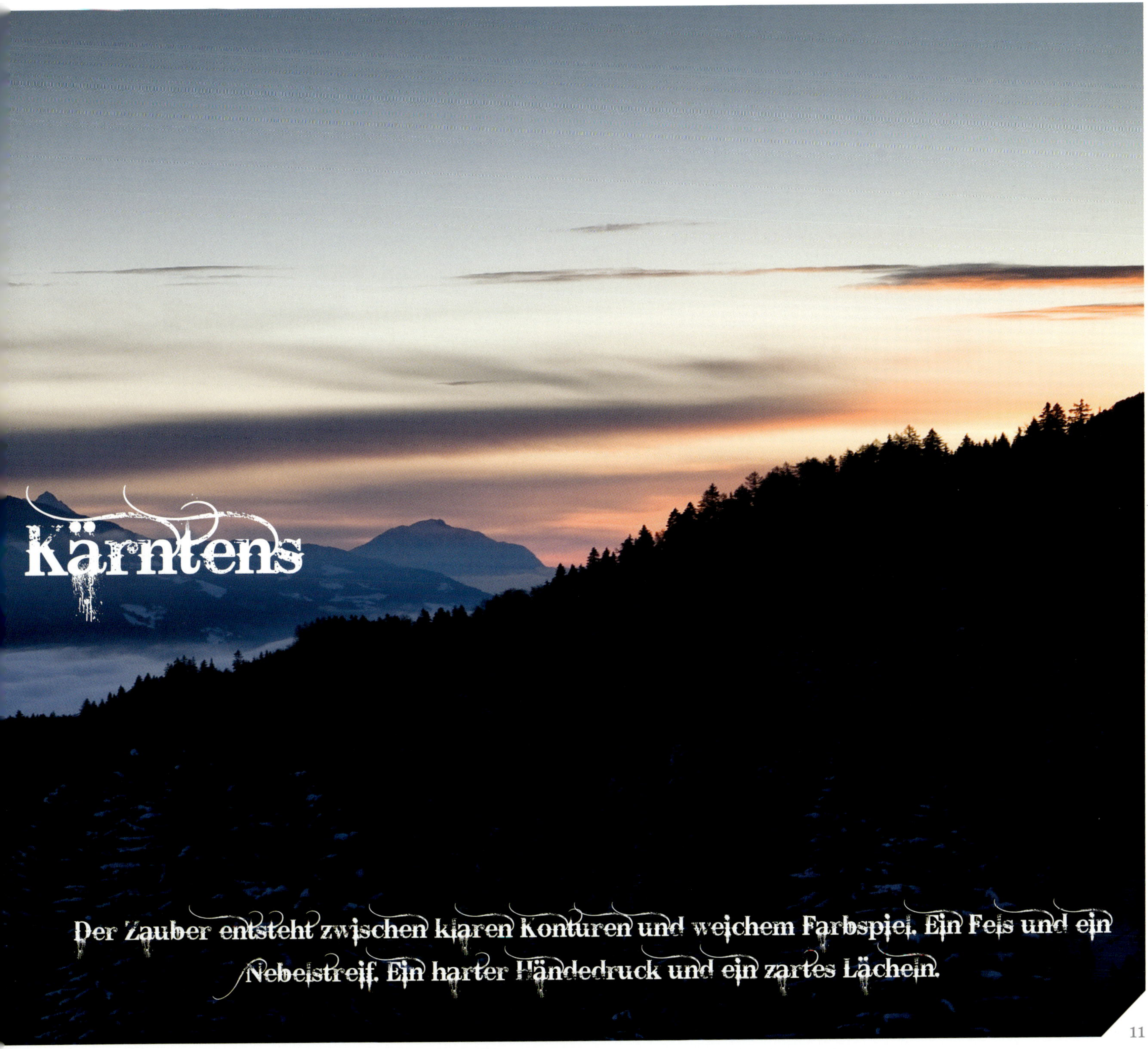

Kärntens

Der Zauber entsteht zwischen klaren Konturen und weichem Farbspiel. Ein Fels und ein Nebelstreif. Ein harter Händedruck und ein zartes Lächeln.

Der reiche

Seit der Römerzeit ist Mauthen als Labestation bekannt, an jenen Passstraßen, die über steile Berge weiter in den milden Süden führen. Viel arbeiten hieß es da, um die Gäste zufrieden zu stellen und die hungrigen Reisenden zu bewirten. Auch im schmucken Gasthaus neben der Mauthner Kirche herrschte stets reges Treiben, und die vier Töchter des Hauses hatten alle Hände voll zu tun, um in Küche und Wirtsstube zu helfen. Als nun die drei älteren das Elternhaus verließen, war guter Rat teuer. Da seufzte die Jüngste und willigte ein, den Gasthof fortan mit ihrem Gemahl an Eltern statt zu führen, und siehe da, die junge Wirtin zauberte alsbald die allerköstlichsten Braten und Speisen und ward weitum berühmt.

Drei Hauben, einen Stern und drei Bücher später ist Sissy Sonnleitners „Landhaus Kellerwand", das sie nun mit ihrer Tochter Stefanie führt, zur Institution geworden, zu einer fixen Größe in Österreichs Kulinarik und erst recht hier, im „köstlichsten Eck Kärntens". Als die Tauernautobahn den Gästestrom in andere Täler leitete, schuf Sissy Sonnleitner kurzerhand einen neuen Kochstil, die Alpen-Adria-Küche, und läutete so die Renaissance der Gasthausküche ein. Regionale Gaumenkitzel werden auch in der neuen „Genusswerkstatt", einem Kochatelier im ersten Stock des Landhauses, vermittelt. „Zurück an den Herd" meint hier jedoch ein lustvolles, gemeinsames Entdecken von Kochtraditionen und lokalen Produkten. „Die Leute wollen daheim wieder mehr kochen", freut sich Stefanie Sonnleitner über den regen Zuspruch. Um Innovationen nie verlegen, hat die Grande Dame der Kärntner Gastronomie gemeinsam mit Tochter Stefanie nun auch den Mittagstisch kurzerhand „globalisiert". „Bewusster genießen ist ein Zeichen gegen den Hunger in der Welt", ist Mutter Sissy überzeugt von ihrer „paradiesischen Botschaft". Und lässt symbolisch für den „Globalen Mittagstisch" als deutliches Symbol neben dem Teller auch Rechen und Spaten liegen. Denn, so Sonnleitner: „Wer auf sich schaut, wer regional einkauft, der tut sich und auch den anderen was Gutes."

SISSY & STEFANIE SONNLEITNER
GENUSSWERKSTATT SONNLEITNER
Mauthen 24, 9640 Kötschach-Mauthen
Tel: 0043 (0) 4715 269, www.sissy-sonnleitner.at

Das weisse Korn

Es gab einmal eine Zeit, da haschte jeder, der wohl Bürger oder Edelmann heißen wollte, nach Früchten aus fremden Landen und von fernen Gestaden. Zu der Zeit verdingte sich auch ein junger Bauernsohn in der Fremde. Ernsthaft und von freundlichem Wesen ward er dort bald wohlgelitten. Doch sein Herz hing an den Bergen, die blau schimmernd und geheimnisvoll hinter dem Hofe aufragten, und oft entrang sich ihm ein Seufzer beim Gedanken an seine alten, braven Eltern in der Ferne. Da packte er eines Tages seinen Ranzen, sagte dem Meister adé und wandte seinen Schritt der Heimat zu. Die Feen aber belohnten seine Liebe zur Erde und sandten ihm im Traum die Kunde von einem wundersamen, weißen Korn, bekömmlich und wohlschmeckend, damit solle er sein Glück machen.

Fast ausgestorben war er bereits, der Gailtaler Landmais, als ihn der engagierte Bergführer und Bauer Sepp Brandstätter entdeckte. Die Urmaissorte, die es auch mit gelbem Korn gibt, hatte den ertragreicheren Hybridmaissorten weichen müssen. Um den alten Gailtaler Landmais wieder zu kultivieren, war jedoch der passende Boden gefragt. „Das war eine lange Sucherei", erinnert sich der Biobauer, „wir mussten ja weg vom herkömmlichen Kunstdünger-System." Nährstoffe für die Pflanzen gibt's daher nur aus natürlichen Quellen, etwa von der Biogasanlage. Und nun wachsen sie wieder, der gelbe und der weiße, und Sepp Brandstätter streicht mit seiner Hand nachdenklich über die makellosen Kornreihen seiner „Tschurtschen". „Die haben wir gerade noch rechtzeitig erhalten und vermehren können." Dafür wurde ihm der höchst dotierte Innovationspreis Österreichs, der Agrarius 2004, verliehen, internationale Einladungen folgten. Am Berg hat er das genaue Hinschauen gelernt. Das macht er nun auch im Tal. Und gibt es seinen Kindern weiter. „Ich sag' immer, schaut genau hin. Wenn nur zwei von dreißig Menschen genau schauen, haben wir gewonnen." Heute ist sein weißer „Gailtaler Landmais" mit dem fein nussigen Aroma eine von der EU anerkannte, seltene Kulturpflanze. Und Sepp Brandstätter führt den einzigen Betrieb Österreichs, der völlig glutenfrei produzieren kann. Etwas, worauf ein Bauer stolz sein kann.

SEPP BRANDSTÄTTER
GAILTALER LANDMAIS

Würmlach 37, 9640 Kötschach-Mauthen
Tel: 0043 (0) 4715 8358, www.landmais.com

Der grüne Daumen

In einem kleinen Dorf lebte ein aufgeweckter Bursch, den drängte es hinaus aus dem Tal. Da zog er sich die Wanderschuhe an, nahm seinen Stock und ging, sich die Welt anzusehen. Viel Wundersames und auch Rätselvolles bekam er da zu sehen, und als er schließlich zurückkehrte, war er an Erfahrung reich geworden und versuchte sich als Kaufmann. Weil ihm aber das Leben in der grauen, schnellen Stadt bald gar nicht mehr gefiel, nahm er sich ein Stück Land in seinem Tal und begann, die gute Erde umzupflügen. Bald gediehen die kleinen Setzlinge, wuchsen der Sonne entgegen und trugen reiche Frucht. Das Staunen ward groß in dem kleinen Dorf, und jeder bezahlte gerne den verlangten Preis, um das wohlschmeckende Grün nach Hause tragen zu können.

Was erst als Hobby angesehen wurde, stellte sich für die Kötschacher, die Mauthner und die Dellacher bald als begehrte Quelle für knackigen Salat und erntefrisches Gemüse heraus. Dass das Land „lebenswert" ist, davon war Norbert Kollmitzer immer überzeugt. Die Zuversicht, mit rund eineinhalb Hektar Anbaufläche auszukommen, nahm er sich aus Bolivien. „Dort erhalten die Frauen mit einer Handvoll Gemüse eine ganze Familie. Dann werden wir das mit ein paar Tonnen wohl auch schaffen", lacht der Gemüsebauer mit der schnittigen Sonnenbrille. Er behandelt sie sorgsam, seine grünen Kinder, und sie danken es ihm. Kein Kunstdünger, nur Mist, keine Spritzmittel, und sogar die Schutzfolie ist aus verrottbarer Maisstärke. Kraut, Paradeiser, Gurken und Zucchini und die schönsten Salate finden sich auf den langen Beeten. Und Aromatisches von Ananassalbei bis Zitronenthymian. Er liefert in die Gasthäuser genauso wie ins Krankenhaus. Mit den Diskontern kann und will Norbert Kollmitzers „Gemüsepower" nicht mithalten. Denn wenn auch der Preis ein wenig höher ist, so rechnet es sich doch am Schluss: Von diesen Salaten muss kein Blatt weggeworfen werden.

NORBERT KOLLMITZER

Gemüsepower – Gemüsefarm
Würmlach, 9640 Kötschach-Mauthen
Tel: 0043 (0) 650 2234317

Das Schloss

Hoch oben auf dem Berge lebte eine redliche Bauersfamilie auf einem schmucken Hofe, den seit Urgedenken die Eltern an Kinder und Kindeskinder weitergegeben hatten. Die Zeit brachte Wohlstand und Fortschritt und nicht nur Gutes, die Menschen achteten nicht Boden noch Vieh und trieben viel Schindluder mit der guten Gabe Gottes. Das Herz des Bauernsohns vernahm jedoch das Klagen des geschundenen Viehs, und er kehrte sich ab von dem raffgierigen Treiben im Tale. Er weidete fortan seine Tiere auf der grünen Alm, gab ihnen im Winter duftendes Heu und erfreute sich an ihrem Wachsen und Gedeihen. Das Fleisch seiner Ochsen jedoch ward bald berühmt, und von weither kamen die Leute, um sich an den köstlichen Braten zu laben.

Wenn es um Bio geht, fangen die Augen von Walter Zojer an zu blitzen. Seit sechs Jahren führt er mit seiner Frau Gunda den Hof seiner Eltern als Biobetrieb, und er ist einer, der die Dinge zu Ende denkt. „Das Biofleisch, das man bei den großen Lebensmittelketten bekommt, wurde ja auch mit genverändertem Soja gefüttert." Und ärgert sich über die Stereotypen, die in den Köpfen immer noch vorhanden sind: Fleisch muss rot sein, Kalbfleisch weiß. Aus dem kämpferischen Querdenker ist mittlerweile ein begehrter Lieferant für erstklassiges Fleisch geworden. Vor allem unter der Marke „Gailtaler Bio-Almochs" ist er eine Größe bei der regionalen Gastronomie. Wer guten Geschmack besitzt, weiß das zehn Tage lang im Fettmantel hängend gereifte Fleisch zu schätzen. Und Zojers Gailtaler Vollmilchbiomastkalb ist zwar schwer auszusprechen, zergeht aber förmlich auf der Zunge. Weil die Zojers die Dinge zu Ende denken, wird alles, was am Hof abfällt, auch weiter verarbeitet, etwa der Mist, der mit Hilfe von Milchsäurebakterien wieder zu kostbarem Humus wird.

GUNDA & WALTER ZOJER
GAILTALER BIOALMOCHSE
Plon 3, 9640 Kötschach-Mauthen
Tel: 0043 (0) 676 3493975, www.bioalmochse.at

Wirtshauskultur im köstlichsten Eck

„Frisch gekocht. Das ist Luxus. So wie Zeit. Das sollte man sich nehmen."

MARLENE HUBER
FEISTRITZER GASTHOF
9640 Mauthen 14
Tel: 0043 (0) 4715 8494

„Meine Welt ist die Wirtshauskultur Kärntens. Da bin ich zu Hause."

MONIKA THURNER
WIRTSHAUS PFEFFERMÜHLE
9640 Kötschach 331
Tel: 0043 (0) 4715 560

„Ich kann jedem meiner Gäste in die Augen sehen."

KARL MÜHLSTEIGER
RESTAURANT
9640 Kötschach 270
Tel: 0043 (0) 4715 8710

„Für unsere Gäste spiele wir auf. Nicht nur am Ruhetag."

ANNI & ANDREAS
MÜLLMANN'S WIRTSHAUS
9640 Kötschach 199
Tel: 0043(0) 4715 214 17

Wir kochen alle nur mit Wasser

Wenn wir so nachdenken, werden Köche und Wirte immer nur bewertet. Wir setzen ihnen Hauben auf und verleihen Sterne, doch dabei zählt immer nur die Leistung, die Sensation und Perfektion. Bei so viel Auf- und Abwertung wird meist vergessen, dass Köche und Wirte Menschen sind, denen harte Worte auch zu Herzen gehen. Und auch das Wesentlich wird dabei ganz vergessen: Die Herzkraft, die die ganze Woche von früh bis spät eingesetzt wird, um den Gästen ein ehrliches Produkt servieren zu können, damit Kultur zu erhalten und weiter als Kommunikationszentrum bestehen zu bleiben. Sollte man nicht beginnen den Koch und Wirt wieder als Mensch in den Vordergrund zu stellen und nicht nur die Sensation?

Herwig Ertl

Der weite Weg

Es war einmal ein kleiner Junge, der liebte die süßen Früchte über alle Maßen. Kein Zaun war ihm zu hoch, flink und behende erklomm er jeden Baum und erquickte sich am köstlichen Saft. Auch den alten Rebstock vor dem Elternhause maß er den Sommer über aufmerksam, und wenn die Herbstzeit endlich goldene Trauben brachte, waren dies seine schönsten Tage. Diese Liebe zu den Pflanzen und dem Wandel der Jahreszeiten gab er in späteren Jahren weiter und unterwies als Lehrer seine Schüler in allerlei Kunstfertigkeit im Obstbau. Und als der Herbst sein eigenes Haar schließlich silbrig färbte, da nahm er den Spaten und legte einen Weinberg an und kelterte aus den süßesten Trauben den allerersten Wein des Tales.

Am Anfang war Kopfschütteln und Lächeln. Wein hier in Kötschach, am Ende des Gailtales, das habe es noch nie gegeben! Nun ist es an Werner Holzfeind zu lächeln, wenn er seine Rieden betrachtet, die sich hinter seinem Haus den Hang empor ziehen. Mit hundert Rebstöcken aus dem Klosterneuburger Fundus hat es 1988 begonnen. Heute nennt Werner Holzfeind 700 Stöcke sein eigen, von Weißburgunder, Gutedel, Bacchus oder Traminer bis zu den roten Cabernet-Kreuzungen und Zweigelt. Seine erste Sauvignon-Ausbeute betrug neun Liter, nun kommt der Winzer auf rund 320 Liter. Die sind schnell vergriffen, denn: „Wenn man sich bemüht, kann man authentische Weine machen, die auch gut schmecken.“ Dazwischen heißt es hoffen: auf einen schönen Herbst, auf eine nicht allzu späte Blüte. Der Wein ist eine Ganzjahresbeschäftigung, das hat Holzfeind schon lange verstanden, nicht „so nebenbei“ wie ein paar Obstbäume im Garten. Die hat er auch und nützt sie für ein wenig, aber exzellenten Edelbrand. Es ist das Leben mit der Natur, im Wechsel der Jahreszeiten, das ihn fasziniert, das er respektiert. Auch beim Wein. „Ich greife wenig ein. Der Wein wird so gekeltert, wie er wächst.“

WERNER HOLZFEIND
WEINGUT & SCHNAPSBRENNEREI
Mandorf 10, 9640 Kötschach-Mauthen
Tel: 0043 (0)664 4132147, http://werner.holzfeind.com/

Golf ist ein Kinderspiel

Auch Franz Guggenbergers Geschichte beginnt wie ein Märchen. Zu kochen begonnen hat er am Holzofen in der alten Küche seiner Mutter, für die Gäste der Frühstückspension. Dann folgten lange Lehr- und Wanderjahre in Italien. Den südlichen Einschlag merkt man heute noch auf der Speisekarte, und doch ist auch die Region, das Gailtal, bei jedem Bissen herauszuschmecken. Gailtaler Landmais, Käse und Rindfleisch – Franz Guggenberger will zur Vielfalt rundherum beitragen. „Ich bin kein Spezialist", sagt er, der ein Gasthaus für ein Biotop ansieht, einen Ort der Begegnung, vom Notar bis zum Mechaniker. Ein Lieblingsthema hat er dennoch: Kindergolf. An kindgerechte Betreuung bei Tee und Birdie hatte bis dahin niemand gedacht, und so ließ sich Franz Guggenberger schließlich sein „1. Kindergolfhotel" patentieren. Am hauseigenen Putting Green lernen nun die „Rabbits" die ersten Schläge bis zur Jugendplatzreife, mit Begeisterung und zur Freude der Eltern. Auf die Unterstützung seiner Frau Sabine kann der Kindergolf-Pionier stets zählen. „Aber Glück braucht man auch." Das Glück des Tüchtigen eben.

FRANZ GUGGENBERGER
KINDER GOLF HOTEL KÄRNTEN
Mauthen 82, 9640 Kötschach-Mauthen
Tel: 0043 (0) 4715 444, www.kindergolfhotel.at

Glück auf Rädern

Am Anfang war die Familienpension. Dann kam der A-Führerschein, gegen den Widerstand der Eltern. Christine Engls Großvater hatte vorsorglich einen wunderbaren, vielfärbigen Marmorfußboden verlegt, dem auch verdreckte Bikerstiefel nichts anhaben konnten. Und so beschloss die begeisterte, frischgebackene Motorradfahrerin Christine Engl den Umbau des ehemaligen Hauskinos zu einem Motohome und gründete im gleichen Atemzug die MoHo-Vereinigung. „Select" heißt hier die Luxusklasse und setzt wie im Motorradhotel Engl einen standesgemäßen Unterstand und Reifenservice ebenso voraus wie eine kleine Werkstatt und den Verleih von Bikes. Die Frau Chefin jedoch lässt es sich nicht nehmen, GPS-betreute Touren nicht nur vorzuschlagen, sondern auch zu begleiten. Und so verschwindet der blonde Haarschopf oft unter Helm und Visier, und über schnittige Kurven und aussichtsreiche Höhenstraßen werden mit den Gästen Täler und Passstraßen erkundet. So wird das „G'schäft" gleichzeitig zum Ausgleich für die junge Hotelière, und wenn einer fragt, ob Motorradfahren denn nicht gefährlich sei, gibt es nur ein Lächeln: „Man muss halt das Hirn einschalten." Ihr Traum? Bis zum Nordkap.

CHRISTINE ENGL
MOTORRADHOTEL GAILTER HOF
Kötschach 245, 9640 Kötschach-Mauthen
Tel: 0043 (0) 4715 318, www.gailtalerhof.com

Der Duft der Bohne

Es war einmal ein Kaufmann, der reiste weit in die Täler und über die Berge, um kunstvolles Gerät feilzubieten, und weil er ein redlicher Mann war, galt er allerortens als wohlgelitten und seine Ware wurde hoch geschätzt. Nun begab es sich, dass er auf seinen Reisen auch oft in die benachbarten welschen Täler kam. Stets jedoch verwunderte es ihn dort, welch kräftigen Duft und welch köstlichen Geschmack die Nachbarn der gerösteten Kaffeebohne entlockten, und er trachtete, solch erlesenen Genuss auch in sein Dorf zu tragen. Da entschloss er sich, selbst Bohnen zu rösten und zu mahlen und tat dies mit so großem Geschick, dass bald aus dem ganzen Tal die Leute zusammenkamen, um sich an dem wundervollen Getränk zu ergötzen.

Genau genommen ist Helmut Thurner den Gastromaschinen treu geblieben. „Für einen guten Kaffee muss alles seine Richtigkeit haben: die Maschine, die Mühle, die Mahlung und das Wasser." Und die Röstmaschine, in diesem Fall ein klassischer Tonnenröster. Die Bohnen kommen aus Peru, aus Guatemala oder auch aus Kenia und werden in liebevollem Wechselspiel aus Hitze und kühler Brise langsam vergoldet, ehe sie den schokoladenbraunen Ton des echten Caffè „San Giusto" erhalten. Die Arbeit zwischen Café und Rösterei teilt sich Helmut Thurner mit seinem Sohn Christian, der sich zum exzellenten Barista gemausert hat. „Er ist nicht in meine Fußstapfen getreten, sonst hätte er mich nicht überholen können". Der Vater schmunzelt. Nun kommen auch jene, die anfangs über die beiden gelächelt hatten, gern auf einen cremigen Espresso vorbei. Engagement zeigen die Thurners auch für die „Coffee Kids", eine Organisation, die Bildung, medizinische Versorgung und Mikrokredite dorthin bringt, wo der Kaffee herkommt. Damit der Cappuccino noch besser schmeckt, eben nach „sapore della carinzia".

CHRISTIAN & HELMUT THURNER
KAFFEERÖSTEREI SANGIUSTO

Kötschach 275, 9640 Kötschach-Mauthen
Tel: 0043 (0) 664 3407496, www.sangiusto.at

Der Geschmack des Holzes

Als einst im Tal der Handel blühte mit mächtigen Baumstämmen, die den Wäldern entrissen wurden, kamen die Holzbarone zu Reichtum und Ansehen. Bald regierten sie das Tal, und in jedem Dorf zogen die Leute den Hut vor ihnen. Sie jedoch achteten die Ehrerbietungen gering und sprachen nur zu ihresgleichen. Zu jener Zeit wuchs auch ein Bürschlein auf, das hätte wohl gerne dereinst eine Gastwirtschaft sein eigen genannt. Sein Oheim, der recht und schlecht seinem Geschäft im Sägewerk nachging, ließ ihn jedoch in einem fernen Tale bei einem Meister das Holzhandwerk lernen, und als der junge Mann zurückkehrte, bewies er solch glückliche Hand und Sinn für das schönste Holz, dass sein Ruf ihm über die Grenzen vorauseilte.

Sepp Thurner hat „bei Null" angefangen und – weil das Geld rar war – sich darauf verlegt, unter den skeptischen Blicken des Dorfes Holz zu vermitteln, mittlerweile nach ganz Europa. Auch seine Söhne Matthäus und Wolfgang haben das Ruder bereits fest in der Hand. Der Chef ist in dem schlichten, roten Holzpavillon nicht leicht zu finden, denn Sepp Thurner sitzt an einem Tisch wie alle anderen Mitarbeiter auch. Verschmitzt erzählt er von seinem neuen Projekt, das eigentlich ein alter Traum ist. „Ich werde jetzt Gastronom." Im historischen Sägewerk auf dem Gelände entsteht eine neue „Werkskantine zur Säge", nicht nur für die eigenen, sondern für alle Beschäftigten im Umkreis. Mit einem Menüpreis von rund fünf Euro, mit Nachschlag, es sollen ja auch keine Gewinne erzielt, sondern nur die Kosten gedeckt werden. „Ich verstehe nicht, dass Unternehmen so wenig in das Zusammensein investieren." Gemeinsam essen als gesunde, schmackhafte Alternative zur einsamen Wurstsemmel. Speisekarte gibt es keine, dafür aber „Chefessen für alle", einfache Hausmannskost, wie auch Sepp Thurner sie mag. Und das alte Sägegatter steht beleuchtet und hinter Glas als Hommage an den „einzigen autochthonen Rohstoff des Tales".

JOSEF, MATTHÄUS & WOLFGANG THURNER
WERKSKANTINE

Kötschach Gewerbezone 163, 9640 Kötschach-Mauthen
Tel: 0043 (0) 4715 8125, www.thu.at

*„Unser Papa **Franz Christian Berger** macht aus Holz die schönsten Türen und Fenster. Dahinter fühlen wir uns wohl und sicher und genießen die Aussicht!“*

Ein kluger Kopf unser Papa!

*„Unsere Mama **Ivonne Maier** baut Häuser, in denen man sich richtig wohl fühlt. Vom Plan bis zur Türklinke. Und ein bisschen helfen wir auch mit.“*

Ein kluger Kopf unsere Mama!

*„Unser Papa **Jakob Lederer** ist einfach toll! Er kauft ganz viel Holz, schneidet es zu und liefert es zu seinen Kun-*

Holzköpfe sind kluge Köpfe

Historischer Rohstoff, traditionelle Verarbeitung, innovative Ideen – hier, zwischen Gailtal und Lesachtal, nennt man sich gerne Holzkopf. Denn Holzköpfe sind klug.

den sogar über die Grenze bis nach Italien."

Ein kluger Kopf unser Papa!

*„Mein Papa **Gerald Oberressl** macht Tischlerarbeiten in der ganzen Welt. Ich freue mich immer, wenn er von seinen Geschäftsreisen wieder nach Hause kommt."*

Ein kluger Kopf mein Papa!

MEISTERFENSTER HASSLACHER
9640 Kötschach 132, www.hasslacher.net

TISCHLEREI ZIMMEREI MAIER
9640 Kötschach 46, www.holz-bau-maier.com

SÄGEWERK LEDERER
9640 Mauthen 112, Tel: 0043 (0) 4715 279

TISCHLERHANDWERK OBERRESSL
9640 Kötschach 498, www.tischlerei-oberressl.at

Hopfenspross und Gerstenkorn

Und so begab es sich, dass ein Freund zum andern meinte, welch Wunders doch, dass im ganzen Ort wohl gebacken und gekocht, nicht aber gebraut werde. Und da beide jung waren und ihre Gedanken sprangen wie Füllen in den Frühlingsklee, nahmen sie einen Suppentopf, kochten das Korn mit dem Hopfen, und bald waren Krüge von Gerstensaft gefüllt. Da herrschte eitel Wonne. Und wiewohl ein mancher noch die Nase rümpfte über das grobe Gebräu und der Amtsmann den Ausschank am Jahrmarkt mit scheelem Auge betrachtete, so zeigten sich die beiden Brauer so gewitzt und willens, ihre Kunst zu verfeinern, dass ihr Bier bald in edlen Kesseln aus schimmerndem Metall reifte und jeder gerne den kühlen Krug auf der beiden Wohl erhob.

Alois Planner und Klaus Feistritzer sind echte Quereinsteiger. Guten Rat holten sich der Marketing-Spezialist und der Techniker daher bei erfahrenen Braumeistern aus Obertrum und Flamberg. Auf eine erste kleine Anlage mit rund 30 Litern folgte eine größere, selbstgebaute, und auch das erste Brauprogramm wurde selbst geschrieben. Heute gibt es das „Loncium" in Flaschen als Helles und als karamellbraunes Schankbier. Mit den großen Brauereien wollen die beiden jungen Brauer nicht mithalten, ihr gehaltvolles Bier ist ohnehin nichts für Vieltrinker. Vielmehr tüfteln sie an Spezialitäten wie etwa am ersten Barrique-Bier: ein Weizenbock im einmal belegten Whiskeyfass. Klaus Feistritzer erzählt von neuen Flaschenformen und davon, wie genau und sauber gearbeitet werden müsse, ohne Pasteurisierung. Ja, meint sein Freund Alois, Brauen sei eben eine Gratwanderung. Obwohl in Mauthen noch im 19. Jahrhundert eine Brauerei bestand, wurden Alois Planner und Klaus Feistritzer anfangs als sympathische Amateure belächelt. Nun liefern sie nach Übersee, und nicht nur Bierpäpste sind voll des Lobes. Für die Mauthner aber ist das „Loncium" ihr Bier, mit ihrem römischen Namen.

ALOIS PLANNER & KLAUS FEISTRITZER
BRAUEREI LONCIUM

Mauthen 60, 9640 Kötschach-Mauthen
Tel: 0043 (0)699 12136894, www.loncium.at

Der Edelgreissler

Es waren einmal ein Mann und eine Frau, beide kreuzbrave und fromme Leute, die hatten drei Söhne. Sie lebten abgeschieden in einem schmucken Tale und versorgten in ihrem Laden die Dorfbewohner mit all dem, was einer so tagtäglich nötig hat. Die älteren beiden Söhne verließen bald das Dorf und suchten ihr Glück in der Fremde, der jüngste jedoch blieb bei Mutter und Vater, ging ihnen zur Hand und ward bald ein geschickter Kaufmann.

Das ist Herwig Ertl immer noch. Mehr denn je, denn auch das verträumte Kötschach-Mauthen ist schließlich von der Flut der Billigangebote und Preisdrückerei der großen Konzerne erreicht worden. Der kleine Gemischtwarenladen hat sich jedoch zu einer Oase der liebevoll hergestellten Spezialitäten, des kulinarischen Handwerks etabliert. Seit mehr als zehn Jahren gestaltet Herwig Ertl Begegnungen zwischen den besten Produzenten des Alpen-Adria-Raumes und jenen Genießern, die seine Philosophie teilen. Und in der kleinen Edelgreißlerei, mitten in Kötschach, nur wenige Schritte von der imposanten Kirche entfernt, lassen Christine und Gerald Ertl ihren Sohn einfach machen, ja unterstützen ihn bei seinem engagierten Wahlkampf für ein Mehr an Genuss und Qualität. Wer über ihn spotte, habe ihn eben nicht verstanden, lächelt Herwig versonnen und zeigt sich dankbar für den Rückhalt aus den eigenen Reihen. Familie, Tradition und ein unverbrüchlicher Glaube an eine >>

Genussfestspiel

Extraportion Hilfe und Trost von ganz oben – mit diesem Kraftcocktail hat er aus dem elterlichen Laden einen Treffpunkt für Spürnasen und feine Gaumen gemacht, für echte Freunde und Mitstreiter.
Seine Botschaften trägt er jedenfalls über die Grenzen hinaus. Er stellt dreisprachige Ortstafeln bei seinen „Genussfestspielen" auf, zeigt sich retro-chic in Haushaltsschürzen oder im Kärntner Kilt mit Mikrophon bewaffnet und verkündet seine griffigen Slogans: „Genuss verbindet", „Heimat hört nicht bei der Landesgrenze auf" und „Der einzig leistbare Luxus ist das, was die Region uns bietet".

Herwig Ertl, der gemeinsam mit Ausnahmeköchin Sissy Sonnleitner das „köstlichste Eck Kärntens" ins Leben rief, gemeinsam mit Josef Zotter die legendäre Käseschokolade entwickelte und neuerdings Bio statt eines Labels als Abkürzung für „Bin in Ordnung" sieht, ist kein Leisetreter. „I sag halt, was i ma denk'", ist die verschmitzte Antwort auf die Frage, ob es denn nicht auch ein wenig dezenter ginge, „Tu Gutes und rede darüber."

HAUS DER MODE & SPEZIALITÄTEN
HERWIG ERTL
Hauptplatz 19, 9640 Kötschach-Mauthen
Tel: 0043 (0) 4715 246, www.kaeseschokolade.at

Auf die lange Bank geschoben wird hier nichts, wenn Werner Lexer und Peter Bernik über das Geld reden. Dass es gemeinsam besser geht als gegeneinander, wissen die beiden schon lange. Als Bankdirektoren im köstlichsten Eck Kärntens haben sie ihre Freude am Erfolg ihrer Kunden und auch, wenn draußen in der großen Finanzwelt der Umgangston ein rauer ist, lässt es sich hier noch ganz vertraut auf derselben Bank sitzen. Miteinander.

Als Bankdirektoren leben wir gerne nach so mancher Devise unseres Edelgreißlers Herwig Ertl. Wichtig ist die Gemeinschaft.

DIR. PETER BERNIK, VOLKSBANK
9640 Kötschach, www.volksbank-gailtal.at

DIR. WERNER LEXER, RAIFFEISENBANK
9640 Kötschach-Mauthen, www.rbkm.at

Blick nach Süden

Vornehm zurückgezogen von der Hauptstraße, mit Blick auf den märchenhaften Garten voller Kunstobjekte und alter Zierbäume, manchmal auch einem Mix aus beiden: Das nostalgische Idyll von Barbara Klauss ist schon seit fast einem Jahrhundert bevorzugtes Urlaubsziel der italienischen Nachbarn. Während andere nach Norden blickten, hat die eigensinnige Hotelière schon vor 25 Jahren die Vereinigung „Austria per l'Italia" in Kötschach ins Leben gerufen. Der Erfolg gibt ihrer Spürnase recht. Die Gäste aus dem Süden lieben die gemütliche Gastfreundschaft und die Betreuung der „Signora" und ihres Teams – in fließendem Italienisch. Und jetzt hat Barbara Klauss auch wirklich Wurzeln in Italien geschlagen. Gleich vielfach, keltert sie doch aus ihren Rieden im friulanischen Collio ihren „Kürschner Rosso" und „Kürschner Bianco". Die Vorreiterrolle hat sie jedenfalls im Blut. Ihre Mutter hatte die Küche bereits 1964 auf Vollwert umgestellt – damals etwas völlig Neues. Sie selbst hat das Thema „Öko" 1986 aufgegriffen, bald erhielt sie den Internationalen Umweltpreis des WWF und DRV als einziges Hotel in Europa. „Wenn ich meinem Gast genau das weitergebe, ihm Blumen und Steine zeige, dann fängt er an, Urlaub zu machen."

BARBARA KLAUSS
SCHLANK SCHLEMMER HOTEL KÜRSCHNER
Schlanke Gasse 74, 9640 Kötschach-Mauthen
Tel: 0043 (0) 4715 259, www.hotel-kuerschner.at

Hand aufs Herz

Wer jemals in einer Theaterloge saß, kennt das Gefühl. Zum Logenplatz von Sonja und Thomas Rauter führen zwar einige Serpentinen, doch der Alpenhof Strenge hoch über dem Lesachtal ist jede Kurve wert. Weit über die Berge und ins Tal hinein geht der Blick, rundherum Grün und Stille. Doch es ist nicht nur diese – in Zeiten von Stress und Lärm unwiderstehliche – Kombination, die einen wiederkommen lässt. Und nicht nur der „Kurvengeist", den Thomas Rauter jedem Ankömmling serviert, wärmt von innen. „Unser Gasthof ist fest in der Hand unserer Stammgäste", lacht der Wirt. Aber es gehe ja darum, sich zu Hause zu fühlen. Einmal in der Woche geht Thomas Rauter mit seinen Gästen wandern, mit oder ohne nordische „Stecken", einmal wird gegrillt, dann wieder musiziert. Im Winter stehen Skitouren auf dem Programm, und zu Weihnachten verwandelt sich der Alpenhof ohnehin in ein Wintermärchen. Mit Familienanschluss. Denn hier liegt der Zauber dieses Gasthofs: im Händedruck mit Freunden, im erfrischenden Kinderlachen von Sandra und Selina, der gemeinsamen Wanderung hinauf zum naturgeschützten Blumenparadies der Mussen, um nachzusehen, ob die Paradieslilie bereits blüht.

SONJA & THOMAS RAUTER ALPENHOF STRENGE

Podlanig 10, 9652 Podlanig

Tel: 0043 (0) 4715 8842, www.alpenhof-strenge.at

Gut aus Überzeugung

„Jede Uhr tickt anders. Doch wir sollten uns eines bewahren: den Sinn für den richtigen Augenblick."

JOSEF PULFERER
UHRMACHER
9640 Kötschach 3a
Tel: 0043 (0) 4715 298

„Wir bringen den Genuss dorthin, wo unser Gast ist."

JOHANNES LENZHOFER
CATERING & GASTHOF
9635 Dellach 93
www.lenzhofer.at

„Leonardo da Vinci zeichnete den Goldenen Schnitt. Ich setze ihn täglich um. "

DORIS SIMON
FRISEURSALON
9640 Kötschach 9
TE: 0043 (0) 4715 369

„Eine Diva ist vor allem eines: anspruchsvoll. So wie meine Gäste."

THOMAS SCHRETTER
DIVA BAR & CAFE
Kötschach 25
Tel: 0043 (0) 676 6017236

Gailtaler Metropole

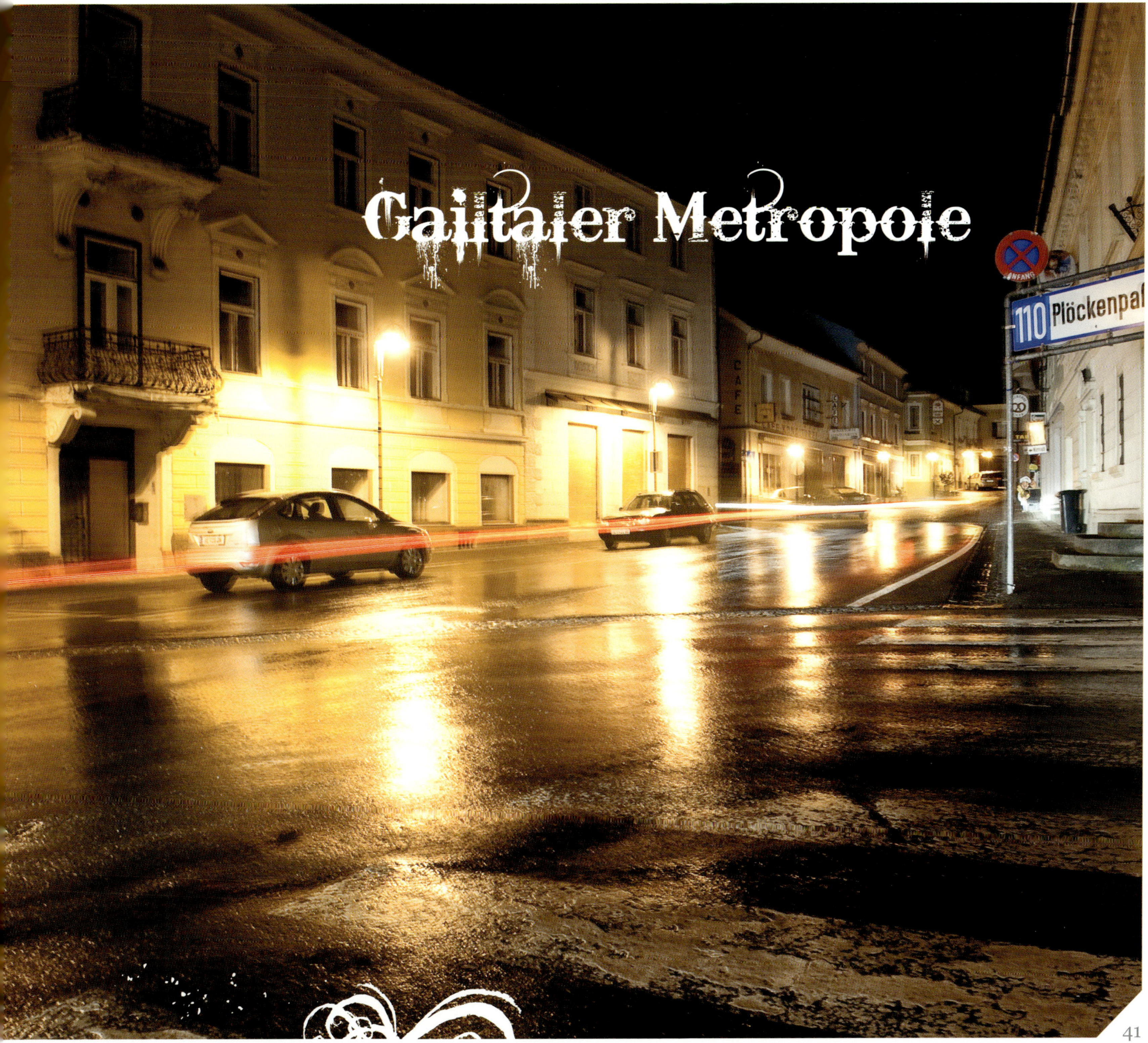

Der grüne Geist

Als ein junger Bürgersohn herangewachsen war, versuchte er sich in allerlei Künsten und so manchem Berufe. Doch wiewohl er klug war und strebsam, ward ihm kein Erfolg beschieden. Da erschien ihm im Traum ein Berggeist und riet, seinen Blick vom Dorfe weg auf Wald und Berge zu richten, dort werde er einen Schatz finden. Davon müsse er aber den Bewohnern des Dorfes abgeben. Der junge Mann verstand, dass der Schatz im Wasser der Berge, dem Wind und den Sonnenstrahlen lag, begann, kunstvolle Seen zu errichten und die Kraft von Wasser, Sonne und Wind einzufangen und ward bald ein gemachter Mann. Den gewonnenen Schatz an Licht und Wärme jedoch hielt er für jedermann wohlfeil, wie es der Berggeist verlangt hatte.

Auf die Frage nach seinem Erfolgsgeheimnis lächelt Wilfried Klauss. „Ausdauer, Weitsicht und Vorsicht." So hat er es immerhin zum bekanntesten Naturstromlieferanten Österreichs gebracht. Damit führt er jedoch nicht nur eine Familientradition fort. In Kötschach-Mauthen wurden schon zu k.u.k Zeiten zwei der ersten Kraftwerke des Landes errichtet, ebenso wie das erste Stromverteilungsnetz, heute liegt hier der Öko-Energieort an erster Stelle mit vernetzten Wasserkraftwerken, Biomasse-Heizwerken, Stauseen, Bergwind-Turbinen, Solaranlagen und einer Biogas-Anlage. Energie ist für Wilfried Klauss grenzenlos, so sie nachhaltig gewonnen wird, und seine Alpen Adria Energie liefert Naturstrom nicht nur in fast alle Gemeinden Österreichs, sondern auch nach ganz Europa. Sie sei auch nichts für Spekulanten, aber gemeinsam mit seinen Söhnen Wilfried und Roland arbeitet er an weiteren Projekten, möchte etwa die Verbindung vom Tal zum Nachbarn Italien umsetzen und glaubt, dass bis 2050 die ganze Welt mit Ökostrom versorgt werden kann: „Meine Ziele sind gleichzeitig Träume."

WILFRIED KLAUSS JUN & SEN
AAE NATURSTROM VERTRIEB GMBH
Kötschach 66, 9640 Kötschach-Mauthen
Tel: 0043 (0) 4715 222, www.aae.at

Aus

Es war einmal eine Zeit, da wurde im Morgenlande ein Zauberöl gefunden. Daraus machten die Weisen vielerlei wundersame Dinge und brachten bis in die hintersten Täler Licht und Wärme, und sogar im tiefsten Winter waren die Stuben mollig warm. Doch die Menschen wurden bald übermütig und verlangten immer mehr. Da begannen die Quellen zu versiegen und großer Jammer hub an. Ein kleines Dorf ganz hinten im Tale jedoch war dem Rat der Weisen gefolgt und hatte der Verschwendung Einhalt geboten. Doch da die Menschen auf ihre Lampen und warmen Stuben nicht mehr verzichten wollten, zog man die Kraft aus Sonnenstrahl und Korn, das im Tale im Überfluss vorhanden war, und fortan fragte niemand mehr nach dem Zauberöl.

Als 2006 in Kötschach-Mauthen die Plattform „energie:autark“ gegründet wurde, war die Gemeinde mit ihrem einzigartigen Mix von erneuerbaren Energiequellen unter den Vorreitern in Sachen nachhaltige Energie. Was die Großen damals einhellig beschlossen haben, kommt nun auch den Kleinen zugute. Im Lerngarten der erneubaren Energien hat der Verein „energie:autark Kötschach-Mauthen“ einen lustigen und lehrreichen Parcours zu bieten, der Kindern zeigt, wo die Energie herkommt. Wind-, Wasser-, Sonnenkraft und Biomasse sowie Energiesparen wird nicht nur erklärt, sondern auch gleich ausprobiert, dabei darf es schon einmal knattern oder rauchen. Schulen aus ganz Österreich können hier experimentieren, wichtig ist jedoch, so sind sich Sabrina Barthel und Jürgen Themessl und Walter Hartlieb von „energie:autark“ einig, dass die Kinder lernen, was erneuerbare Energien sind. In Kötschach-Mauthen kann man Energie auf vielfältige Weise erleben. Im europaweiten E5 Programm ist Kötschach-Mauthen die erste Gemeinde Kärntens, die vier „e – Energiesterne“ erreicht hat – und hat ihr Motto jetzt sogar erweitert: Lebe autark.

SABRINA BARTHEL
VEREIN: ENERGIE-AUTARK
Kötschach, Rathaus 390, 9640 Kötschach-Mauthen
Tel: 0043 (0) 4715 8513 36, www.energie-autark.at

Kommen, um zu bleiben

Dort, wo auf der Höhe die kristallklaren Quellen entspringen und jeder gerne innehält, um nach der kurvigen Strecke eine kleine Rast einzulegen, liegt der Gasthof Gailberghöhe. Manchmal wird die Pause auch länger, denn bei Annerose und Franz Buzzi ist gut bleiben. Gemeinsam mit den Söhnen Stephan und Martin wird an neuen Annehmlichkeiten gefeilt, von einem Blumenwanderweg, um die alpine Blütenpracht besser kennen zu lernen, bis zu einem Caravanpark mit Wassertankstelle für Wohnwagen und Wohnmobile, der „alle Stückerln spielt". Wer auf zwei Rädern anreist, sieht sich ebenfalls rundum versorgt – mit Waschplatz für die Biker-Ausrüstung, einem Trockenraum, einer Werkstatt samt Hebebühne und hauseigenem Tourenbuch, das nicht nur Motorradfahrer, sondern auch Oldtimer-Fans auf genussvolle Abwege lockt. Viel Natur gibt's bei den Buzzis nicht nur beim Blick rundum und weit ins Tal hinab, sondern auch auf dem Teller. Heimische Produkte werden zu einem genießerischen Streifzug durch die österreichische und vor allem die Kärntner Küche. Dann wird sogar eine kleine Rast zu einem kurzen Urlaub.

MARTIN, STEPHAN & FRANZ BUZZI
GASTHOF GAILBERGHÖHE
Gailberghöhe, 9640 Kötschach-Mauthen
Tel: 0043 (0) 4715 368, www.gailberg.at

Kräftige Farbtupfer im Leben

Für einen
ɉenussvollen
ᖴarbwechsel ist jetzt
mmer der richtige
ɅAugenblick.“

ᑕHRISTIAN KARL
ƊEKORATIONSMALER
ɔ640 Mauthen 116
Ꞁel: 0043 (0) 664 5986607

„Die Dornen macht das Leben manchmal von alleine. Wir bringen die Blüten dazu.“

FRANK STANGL
FLORIST MIT HERZ UND GÄRTNER AUS BERUFUNG
9640 Kötschach 12a
Tel: 0043 (0) 4715 415

„Manche haben Angst, etwas zu übersehen. Wichtig ist, das Wesentliche gut zu erkennen.“

DIETMAR PETSCHNIK
OPTIK PLESSIN
9640 Kötschach 26a
Tel: 0043 (0) 4715 520

„Ein Möbel oder eine Wand haben es gut. Sie bekommen von mir einfach eine neue Haut verpasst. “

HANNES PIRKER
TAPEZIERERMEISTER
9640 Kötschach 4
Tel: 0043 (0) 4715 439

Das Glück unterm

Apfelbaum

Auf einer lichten Höhe an einem blauen See lebten einst brave Bauersleute, die hatten einen Sohn. Dieser liebte die saftigen Wiesen und dunklen Wälder, und als er später sein Ränzel schnürte und in die Ferne ging, nahm er sie tief in seinem Herzen mit sich. Der Meister, bei dem er sich verdingte, war dem Burschen wohlgesonnen und bot ihm ein eigenes Auskommen an. Nein, entgegnete dieser, das wäre wohl nichts für ihn, der Meister aber sprach ihm zu und schließlich erwarb der Bursch ein gutes Stück Land. Doch gleich wie jene, die bald von weither kamen, um hier ein wenig zu verweilen, achtete er seine alten Apfelbäume und den Reichtum der Natur, und so gedieh sein Garten zu einem Hort der Ruhe und Eintracht.

Er selbst sieht sich als „kleiner Betrieb“, doch wenn es um Innovation geht, steht Sepp Kolbitsch ganz vorne. Gleich nach der Eröffnung wurde er als Vier-Sterne-Platz bewertet, erhielt als erster Campingplatz eine eigene Website und das EU-Eco-Label. Kein Wunder, denkt der Öko-Pionier doch energieautark und hat auf seinem idyllischen Stellplatz auch Europas modernstes Bioheizwerk – eine Kombination von Biomasse und Solar - in Versuchsbetrieb genommen. Bis jetzt höchst erfolgreich und sogar mit Fuzzylogic ausgestattet, einer intelligenten Steuerung, die bereits im ersten Jahr rund 17 Prozent an Energie eingespart hat und über Internet in Echtzeit verfolgbar ist. Abseits von High-Tech geht es auf Sepp Kolbitschs Campingplatz sehr beschaulich zu. Die Vögel zwitschern zwischen den großzügigen Parzellen in den Apfelbäumen, die jedes Jahr viele Liter Saft geben, das unbehandelte Holz für seine Allergiker-tauglichen Ferienhäuschen hat der umtriebige Bauernbub nach der Mondphase selbst geschlagen und in den Leitungen – auch im Dampfbad aus Selenitkristallen – gluckst Granderwasser. Ruhig und sehr zufrieden.

JOSEF KOLBITSCH
ALPENCAMP
Kötschach 284, 9640 Kötschach-Mauthen
Tel: 0043 (0) 4715 429, www.alpencamping.net

Der Schatz unter

der Presse

Ganz hinten, wo der Bergwald die Talwiese grüßt, stand ein Stadel mit einer mächtigen Presse. Hierher kamen die Bauern und ließen ihre süßen Äpfel und Birnen zu klarem Nektar keltern. Dies sah ein junger Mann, dessen Liebe dem Holz und dem Schnitzwerk galt, der jedoch sein Brot gemeinsam mit seinem Weibe damit verdiente, den Burschen den Schopf zu scheren und das Haar der Mägdelein in feine Locken zu legen. Schon geraume Weile wollte er Schere und Kamm ade sagen, und so erkor er sich das alte Presswerk, ein neues Heim der Künste zu werden. Er erwarb es für gute Taler, und bald kamen aus aller Herren Länder Meister ihres Fachs in das kleine Dorf, zeigten ihre Kunstwerke und machten das Presswerk weithin berühmt.

Gerhard Wurzer war stets der Klassenbeste. Allerdings nur in den Fächern Zeichnen und Malen, wie er schmunzelnd eingesteht. Bereits neben seiner Arbeit im Friseursalon kam er über das Madonnenschnitzen zur Bildhauerei und schließlich zur Radierung. Es folgten Studienaufenthalte in Salzburg und Dresden, unterschiedliche Techniken, Experimente. Als Gerhard Wurzer mit seiner Frau Sonja – die Schere und Kamm gegen Glasur und Brennofen eingetauscht hatte – das alte Mauthner Presswerk ins Visier nahm, stand ein ordentliches Stück Arbeit noch bevor, ehe Künstler aus Kärnten und den benachbarten Ländern wie Valentin Oman oder Paul Flora zu den ersten Radiersymposien eingeladen werden konnten. Nun sind Atelier und Wohnraum zu einem luftig lichten Kraftwerk zusammengewachsen. Hier lässt es sich mit Blick auf das Gartenidyll gut über Kunst reden, über die Keramiken von Sonja Wurzer - stilisierte Handtaschen und Schuhe ebenso wie archaische Sprossen und Triebe und vor allem Raku – und die vielschichtigen Radierungen ihres Mannes. „Kunst macht man aus Freude, nicht, um berühmt zu werden."

SONJA & GERHARD WURZER
PRESSWERK MAUTHEN
Mauthen 37, 9640 Kötschach-Mauthen
Tel: 0043 (0) 650 9585131, www.klavora.at/presswerk.html

„Danke Elvis, dass Du mir so viel hinterlassen hast. Schade, dass Du die Kärntnerlieder in deinem Style nicht mehr hören kannst."

MICHAEL BUCHACHER BUZGI ELVIS IMITATOR

9635 St. Daniel 84, www.buzgi.at

„Musik macht glücklich, wenn man es versteht, diese zu leben und weiterzugeben."

FRITZ UNTERWEGER

Chorleiter

„Theater ist nicht immer leichte Kost!“

GÜNTHER MARIZZI
THEATER OFFENSIVE KÖTSCHACH-MAUTHEN
Tel: 0043 (0) 650 4715 741

In höchsten Tönen

Wenn er zur Kultur in Kötschach-Mauthen befragt wird, lächelt Fritz Unterweger stolz. Und erzählt vom Sekretär des Patriarchen von Aquileia, Paolo Santonino, der bereits im 15. Jahrhundert in seinen Reisetagebüchern hier einen „Knabenchor“ und „hervorragende Kulinarik“ vermerkt, wie auch die Tatsache, dass bis weit hinauf ins Lesachtal ein jeder ein oder gar zwei Instrumente meistert. Auch Fritz Unterweger trifft den richtigen Ton. Er ist seit mehr als vierzig Jahren Chorleiter – und Gründer der Musikhauptschule – und kann über die Tonkultur des Ortes viel berichten. Früher reine Männersache, erklingen heute rund zehn gemischte Chöre im Ort. Als musikalischer Rahmen für das Hochamt im Gailtaler Dom, aber auch für Kärntner Lieder. Die sind nicht wegzudenken. Aber der Herr Chorleiter mit seinen Ensembles serviert auch höchst anspruchsvolle Kost, wie eine Barockoper von Purcell oder Modernes. Ehrenamtlich. Versteht sich. Volksmusik, Klassik, Pop, alles habe seinen Platz. „Es gibt nur gute oder schlechte Musik.“ Kärntner Lieder neu aufbereitet - das ist auch ein Thema für Michael Buchacher. Dieser Name ist selbst im Dorf kaum geläufig, hat sich doch „Buzgi“ samt Koteletten und breitem Gürtel als Elvis-Imitator einen Namen gemacht. Seine Kunst ist beschwingt, tanzbar und oft erstaunlich und lässt den „King“ weitab von Memphis im fernen Gailtal wieder auferstehen.

Nicht immer so leicht verdaulich sind die Themen, die Günther Marizzi in seiner 2008 gegründeten Theater Offensive kredenzt. Wie Fritz Unterweger sieht er sich als Teamplayer, einer, der vom Fußballer zum Lehrer wurde und nun seine Stimme Chor und Bühne leiht. Was dort gespielt wird, wird nach den Schauspielern ausgewählt, nach der idealen Besetzung. Durchaus mit sozialkritischen Untertönen, etwa von Aldo Nicolai. Unterhaltsam soll es dabei wohl zugehen, erhobenen Zeigefinger gebe es keinen, so der engagierte Theatermacher und zeichnet das Bild vom Stein, der ins Wasser geworfen wird und Kreise zieht. Und gibt Fritz Unterweger recht: „Wenn man vor Publikum tritt, muss man wissen, was man tut.“

Die Stimme des Herrn

„Wir freuen uns, wenn unser Pfarrer die irdischen Engel zum „Engl“ schickt. Bei uns werden sie himmlisch verwöhnt!“

MARGIT & EDI ENGL KIRCHENWIRT

9640 Kötschach 101, www.kirchenwirt-engl.at

In grauer Vorzeit, so geht die Legende, sei an einer Stelle im Tal ein wundersames Bild der Muttergottes gefunden worden, die an Gesicht und Händen mohrenschwarz war. Da trugen fromme Leute Stein auf Stein zusammen, und als das Gotteshaus fertig war, ward ein berühmter Bischof aus dem Süden gerufen, um die neue Kirche zu weihen. Viele Jahre später kam ein junger Pfarrer aus fernen Landen des Weges, der hatte schon viel von dem Gnadenbilde vernommen und dachte, in dem prächtigen Gotteshause ein wenig Dienst zu tun. Und als er vor dem güldenen Altare stand und alle Gläubigen gemeinsam mit dem Chore ihre Stimmen zum Lob Gottes erhoben, da ward ihm wunderlich wohl zumut und er sah, dass hier seines Bleibens sei.

Wenn Krzysztof Nowodczynski nach seinen ersten Eindrücken in Kötschach gefragt wird, dann fallen ihm die österliche Fleischweihe, sein Kirchenchor und die Palmweihe ein. „Das ist lebendig.“ Freundlich und sogar ein wenig verspielt zeigt sich der gotische „Gailtaler Dom“, sein Gewölberippenwerk umranken Weinlaub, Vergissmeinnicht und Lilien, rot und golden schimmern Hochaltar und Kanzel. „Ich habe die Aufgabe, Gott menschlicher darzustellen“, lächelt der Herr Pfarrer. Er selbst sei ja auch nur ein Mensch. Mit dem sich gut reden lässt. Über die Kunst, Kinder und Erwachsene gleichermaßen anzusprechen, die Schönheit des Lebens abseits von Konsum und Hektik, seine Predigten ohne Spickzettel, weil er in die Gesichter blicken möchte. Und über die falsche Annahme, dass der Kirchgang für Menschen nur eine oberflächliche Bedeutung habe. „Ich habe Dinge entdeckt, die mir Hochachtung abgerungen haben, eine innere Weisheit, die auch oft gerne hätte.“ Das Herz habe eben nichts mit Bildung zu tun. Und die Menschen glauben immer an etwas. „Glaube ich.“ Sagt er und lacht.

PFARRER KRZYSZTOF NOWODCZYNSKI
PFARRE MARIÄ HIMMELFAHRT

Kötschach 27, 9640 Kötschach-Mauthen
Tel: 0043 (0) 4715 244, www.kath-kirche-kaernten.at/koetschach

Eine runde Sache

Stammtische sind so eine Sache. Doch jeden Morgen beim Kaffee Ernstes und Scherzhaftes, Schwieriges und Heiteres zu besprechen, schafft Vertrauen.

Um acht beim Engl. Diese Parole gilt bereits seit Jahren und nur, wer wirklich gar nicht kommen kann, lässt sich den morgendlichen Stammtisch entgehen. Vielleicht auch deshalb, weil es gar kein richtiger Stammtisch ist. Weit entfernt von bierseligen Verbrüderungen und sangesfreudigen Sentimentalitäten. Vielmehr ein gemeinsames zweites – oder auch erstes – Frühstück, oft nur ein schneller Kaffee. Aber immer bleibt Zeit genug, um sich an den runden Tisch zu setzen, der in Wirklichkeit oval ist, und einander ins Auge zu blicken. Die morgendlichen Ritter der Tafelrunde, das sind Josef Thurner und sein Sohn Wolfgang, Ulrike Warmuth und Grete Pulferer, Sepp Kolbitsch und Werner Zojer, Josef Pulferer und Herwig Ertl, Stefan Gratzer und Jakob Lederer, Günther Maier und Günther Wassermann. Und natürlich der Gastgeber, Hans Engl. Wer an Verschwörungstheorien denkt, liegt nicht ganz falsch. Hier werde täglich, schmunzelt Juwelier Sepp Pulferer mit Augenzwinkern, der Ort umgebaut, das Land Kärnten richtig regiert, die Welt verbessert und nicht zuletzt zum kulinarischen Gedankenaustausch angeregt und sich über die Leut' amüsiert. „Es ist einfach wunderschön. Eine typisch österreichische Sache." Auf Sepp Pulferers „satirische Vorschau auf den Tag" möchte Günther Maier den gemeinsamen Morgenkaffee nicht reduzieren. Feine Netze werden hier geknüpft, Verträge vereinbart, kleine Probleme zwischen zwei halben Sätzen gelöst und dem anderen oft einmal durch herzliches Gelächter der Wind aus den allzu geblähten Segeln genommen. Gruppentherapie oder Weisenrat? Günther Maier, ein Meister an Schlagfertigkeit, lächelt verschmitzt. Es sei eben ein Treffen mit lieben Freunden und keinem könne er ernsthaft böse sein. „Für mich ist es der liebste Sauhaufen der Welt."

„An diesem runden Tisch werden täglich so viele Ideen geboren und diskutiert. Ich hoffe, dass draußen vor der Türe auch einmal mehr Lichter aufgehen."

GÜNTHER MAIER

Als Veteran des Villacher Faschings nimmt er seine Freunde wichtig, aber nicht immer ernst.

Was man täglich braucht ...

„Unter meinen Büchern dürfen auch die meiner Tante Ingeborg Bachmann nicht fehlen."

MATTHIAS MOSER
Buchhändler/Kopierservice
9640 Kötschach 3
Tel: 0043 (0) 4715 254

„Alles kann repariert werden. Geht nicht, gibt's nicht."

STEFAN GAILER LAND-MASCHINENHÄNDLER
9640 Kötschach 56
www.maschinen-gailer.at

„Wenn ich einen Bock schieße, freuen sich vor allem meine Kunden: nämlich über das exzellente Fleisch."

CHRISTOPH KASTNER FLEISCHERMEISTER
9640 Mauthen 286
Tel: 0043 (0) 4715 323

„Ich flicke den Leuten am Zeug. Aber nur mit Ahle und Faden und in bester Schustertradition."

HERMANN SORGER SCHUSTER/ SCHUHHÄNDLER
9640 Kötschach 135
Tel: 0043 (0) 4715 486

... Zufriedenheit

Die Zwei im Fluss

Naturbelassen und von einer wilden Schönheit ist die Bergwelt rund um Mauthen. Und voller Herausforderungen für kleine und große Abenteurer.

Der Gailfluss, die Karnischen Alpen, das Lesachtal – was für Biologen und Naturschützer ein intaktes Stück Bergwelt ist, zeigt sich auch als faszinierende Spielwiese für vielerlei Outdoor-Abenteuer. Genau hier liegt der Arbeitsplatz von Andreas Lutche und Pedro Unterluggauer. Dass sie nicht in einer Turnhalle oder Schreibstube versauern wollen, war den beiden schon als Sportstudenten klar. Und als der Salzburger und der Lesachtaler beschlossen, gemeinsame Sache zu machen, stellte sich die Frage nach dem Wo gar nicht mehr.
Was mit zwei Rafting-Booten auf dem Dach eines alten Fiat 127 begann, hat sich zu einem vielfältigen Freizeitunternehmen entwickelt. „Fit & Fun" heißt die Devise der beiden Freunde und Partner und nach ersten Jahren in einer Hotelgarage und einer Liftstation ist heute das ehrwürdige, alte Zollhaus in Mauthen das „Basecamp". Die beiden Outdoor-Spezialisten waren unter den ersten, die die internationale Canyoning-Ausbildung absolviert haben und sind beide maßgeblich beteiligt am Vereinsleben für Berg- und Schluchtenführer und Skilehrer. Auf die zahlreichen Schulklassen oder Sommergäste warten neben der spektakulären Riesenschaukel im Lesachtal rund 50 Programme – mit sorgfältig ausgebildeten Guides - und wer familientaugliche Abenteuer will, der versucht sich im Goldwaschen oder Edelsteinschürfen an den kristallklaren Bergbächen. Stolz sind die beiden auch auf ihre „River-Sauna", einer Art indianische Schwitzhütte direkt am Fluss für genüssliche Tauchbäder danach. Was zähle, so Pedro, das sei das Gefühl. Ob beim Raften oder demnächst auch beim Heli-Skiing hoch oben am Berg. Darum geht's.

ANDREAS LUTCHE & PEDRO UNTERLUGGAUER
FIT & FUN
Mauthen 123, 9640 Kötschach-Mauthen
Tel. 0043 (0) 676 5029172, www.fitundfun-outdoor.com

„Bestens gesichert – so lässt sich mit uns jeder Steilhang des Lebens meistern."

HANS RAINER & WOLFGANG GAILER
VERSICHERUNGSMAKLER
9640 Mauthen 264, www.gailer.at

Mauthen ist eine Wiege des Alpinismus. Nun zählt es seit kurzem zu den „Bergsteigerdörfern“. Das und vieles andere hat das Dorf einem echten Dickkopf zu verdanken.

Wenn es um „seine“ Natur geht, krempelt Sepp Lederer innerlich die Ärmel hoch. Das hat er schon oft getan. Was er vor mehr als vierzig Jahren mit dem grenzüberschreitenden Valentin-Gletscherlauf als Alpen-Adria-Idee ins Leben rief, konnte vor kurzem einen weiteren Erfolg verbuchen: Die geplante Errichtung einer riesigen Stromleitung über den Plöckenpass wurde verhindert. Mit viel Hartnäckigkeit und nach langem Ringen mit Ämtern und Gerichten. „Es war ein schöner Kampf. Sehr emotionell.“ Sepp Lederer lächelt zufrieden. Er schlägt alle seine Schlachten mit ganzem Einsatz, mit Herzblut. Mehr als drei Jahrzehnte lang war er Leiter der Bergrettung und zwanzig Jahre Lawinenhundeführer, machte Übungen im Gelände bei zwanzig Grad unter Null. Stur und hart, das ist jedoch nur eine Seite des unermüdlichen Kämpfers. Er, der bereits im Juni „mehr als tausend Frösche über die Straße getragen“ hat, macht botanische Wanderungen durch die Blumenparadiese Mauthner Alm und Mussen, errichtet einen Amphibienbeobachtungssteg im eigens dafür gepachteten Moor und baut eine Baumstadt für Kinder. „Wenn die Natur und die Heimat vernachlässigt werden, dann haben die nächsten Generationen nichts mehr.“ Nun ist auch Mauthen offiziell zum „Bergsteigerdorf“ geworden, jenes Dorf, von dem aus 1860 die Karnischen Alpen erschlossen wurden und dessen Bergwelt, so hofft der Alpinist Sepp Lederer, bald in das Weltnaturerbe aufgenommen wird.

SEPP LEDERER BERGSTEIGERDORF MAUTHEN ALPENVEREIN FREIZEITPARK

9640 Kötschach-Mauthen

Tel: 0043 (0) 676 5858625, www.oeav-obergailtal.at

Die Spannung des Seils

„Die Arbeit von Sepp Lederer kann nicht in Gold aufgewogen werden."

KARIN STEINER
GOLDSCHMIED
9640 Kötschach 390
Tel: 0043 (0) 4715 8221

„Stromanschluss braucht Sepp keinen. Er ist immer voller Energie."

SIGBERT HOHENWARTER
ELEKTRIKER
9640 Kötschach 12
Tel: 0043 (0) 4715 202

„Viel Herz und zwei kräftige Hände: Was Sepp anpackt, daraus wird etwas."

ADOLF KLAUSS
BAUMARKT
9640 Kötschach 496
Tel: 0043 (0) 4715 307

Ihr Anpfiff, bitte!

Bewegung macht Spaß. Wer einen guten Lehrer hat und das bereits als Kind lernt, vergisst es auch als Erwachsener nicht.

Bei Anpfiff stehen alle parat. Die Augen sind auf einen Mann gerichtet. Seit bald zwanzig Jahren hält Gerald Ebner Kinder auf Trab, und die haben Spaß daran. Nicht jeder ist als Fußballer geboren und nicht alle begeistern sich für Skirennen. Aber mit einfühlsamer Betreuung findet jedes Kind zu „seinem" Sport. Nach seinem Arbeitstag in der Straßenmeisterei von Kötschach-Mauthen, an den Wochenenden und an jedem Urlaubstag bringt Gerald Ebner Kinder in Bewegung. Unentgeltlich, ehrenamtlich. Zornig wird er nur, wenn er sieht, wie weniger begabte Kinder von allzu ehrgeizigen Sportlehrern links liegen gelassen werden. Mit sechs Kindern hat er begonnen, heute hat er rund vierzig in Betreuung. Die Auswahl ist groß, von Skaten bis Radfahren, von Hallenturnen bis Eislaufen – jeder Sport findet seine Talente. Gerald Ebner will keine Spezialisten machen, sondern Vielseitigkeit fördern, etwas, das nützlich ist und im Leben weiterhilft. Und das Bewusstsein, dass Leistung belohnt wird. „Wenn die Kinder in der Früh aufwachen, wenn es noch dunkel und kalt ist, aber eine Stunde später dann auf der Piste in der Sonne stehen, dann sind sie glücklich." Viele trifft er als Erwachsene wieder, die immer noch Sport betreiben und das auch an ihre Kinder weitergeben. „Das ist für mich Nachhaltigkeit."

„Mein Pfiff hält alle zusammen. Und wir verabschieden uns mit einem dreifachen Sport Spaß, Sport Spaß, Sport Spaß! Weil wir uns mit Herz und Kraft und Spaß fit halten."

GERALD EBNER OBERGAILTALER SPORTCLUB SEKTION SPORT JUGEND
Kötschach-Mauthen, www.koemau.at/osk

„Mit den Kindern muss man beginnen zu arbeiten. Das gibt Kraft ein Leben lang, um auch Schicksalsschläge leichter zu bewältigen. Nur so habe ich den Weg zurück und bis zur Silbermedaille bei den Paralympics in Athen geschafft."

WOLFGANG DABERNIG
www.radlwolf.at

Der Weg des Friedens

Als aber das große Kämpfen und Hauen schon viele Jahre vorbei war und Enzian und Alpenrose blühende Decken über die Stollen und Gräber legten, schritt ein wackerer Soldat hoch auf den Bergkämmen dahin, und es umfing ihn tiefes Mitgefühl. Nie wieder sollten die Menschen hier einander niedermetzeln und falschen Parolen gehorchen. Da scharte er Gleichgesinnte um sich, trug die Zeugnisse jener schrecklichen Zeit zusammen und sprach so lange zu den Menschen, bis Hüben und Drüben einander die Hand reichten und gemeinsam von Gipfel zu Gipfel einem Weg des Friedens schufen. Das gesammelte Kriegsgerät und so manche Habseligkeit der unglücklichen Soldaten jedoch sollten für alle Zeiten wider die Gewalt mahnen.

Wenn Karin Schmid von Walther Schaumann spricht, wird ihre Stimme leiser und es ist der tiefe Respekt zu spüren, den die Kustodin dem Museumsgründer und Friedenspionier entgegen bringt. Als 1992 das Museum 1915-1918 im Rathaus von Kötschach-Mauthen eröffnet wurde, war dies ein Höhepunkt im unermüdlichen Engagement eines Offiziers und Historikers, der sich zum Ziel gesetzt hatte, die einstigen Frontlinien des Ersten Weltkriegs in Friedenswege zu verwandeln. „Er wollte den Krieg zeigen, wie er ist. Und auch, wie schnell eine friedliche Landschaft zu einem mörderischen Kampfgebiet wird." Karin Schmid – die als Leiterin dieses Museums sogar den Waffenschein machen musste - führt ihre Besucher gerne durch die rund 600 m² Ausstellungsfläche. Der Weg beginnt im Frieden, in einer scheinbaren Idylle der k.u.k. Monarchie, geht dann entlang der tödlichen Front und endet wieder im Frieden. Meist sind es Details, die den Betrachter erschüttern, Brieffetzen, vergebliche Glückwünsche, die leeren Augen einer Frau auf einer verblichenen Fotografie. Das zweisprachige Museum am Fuße des einst heiß umkämpften Plöckenpasses ist mehrfach ausgezeichnet worden. Und die vielen Besucher kommen heute von beiden Seiten der Grenze.

KARIN SCHMID MUSEUM 1915-1918

Kötschach, Rathaus, 9640 Kötschach-Mauthen

Tel: 0043 (0) 4715 8513-32, www.dolomitenfreunde.at

Die Natur gehört dem,

der sie geniesst!

Ein besonderes Stück Erde

Der verträumte Ort Dellach ist nur scheinbar abgelegen. Was sich heute als kleines, grünes Paradies präsentiert, ist ein historischer Schnittpunkt der Kulturen.

In Dellach blickt die Geschichte weit zurück. Jede Lichtung, jeder Hain erzählt vom Werden und Vergehen der Völker, von Handwerk, Glauben und dem Bestreben, etwas zu hinterlassen, das die Jahrhunderte überdauert. Auf den Hügeln über dem einst unberechenbaren Flusslauf der Gail siedelten die ersten Bewohner. Die Höhe der Gurina war bereits zur Hallstattzeit ein Opferplatz, wie Funde von Fibeln und Keramik zeigen. Von Süden kam das venetische Alphabet in die Region, die Römer folgten nach und hinterließen Befestigungen und die Reste eines Herkulestempels. Nach den Wirren der Völkerwanderung setzte das Patriarchat von Aquileia mit der Errichtung der Kirche von St. Daniel ein kräftiges Zeichen. Lange blieb diese Urpfarre des Gailtals die einzige Kirche Kärntens. Für kunsthistorische Spurensucher ist Dellach ein unvergleichliches Schatzkästchen, nicht zuletzt durch versteckte Raritäten wie St. Helena am Wieserberg mit ihrem original erhaltenen Bauholz aus dem 13. Jahrhundert. Durch zweieinhalb Jahrtausende Menschheitsgeschichte führt ein Spaziergang durch den kleinen Ort im Gailtal, wo Slawen, Kelten, Römer und Bayern verweilten und der Weltenlauf so manche Kapriole schlug. Heute ist diese Schnittstelle der Kulturen ein kostbarer Lebensraum, sorgsam gepflegt von seinen Bewohnern. Bewegung und Natur werden groß geschrieben und die Produkte der eigenen Bauern geschätzt. Was hier gedeiht, darf in Ruhe wachsen. Das beginnt mit den Kindern, die im Naturkindergarten lernen, sich in einer intakten Umwelt zu bewegen. Damit die Geschichte Dellachs weitergeht.

GEMEINDE DELLACH
Dellach 65, 9635 Dellach
Tel: +43/4718/301, www.dellach.gv.at

Der grüne Quell

Es war einmal ein kleines Kirchlein auf einer sanften Anhöhe. Nicht einmal die Ältesten im Dorfe konnten sich entsinnen, wann dessen Grundstein gelegt wurde, und so dachte jeder, die Kirche habe wohl schon immer da gestanden. Im nahen Wäldchen jedoch sprudelte ein klarer Quell, dem wundersame Heilkraft nachgesagt wurde. Da beschlossen ein redlicher Mann und seine Frau, dort eine Herberge zu errichten, und es kamen viele Reisende, kühlten ihre müden Glieder im wohltätigen Wasser und wurden gelabt und herzlich umsorgt. So waren die bekömmliche Küche und die vielen Zauberkräuter der Wirtin und die weichen Betten der Herberge, darin es sich wie in einer Sommerwiese lag, bald ebenso berühmt wie das heilsame Bad.

Seit mehr als achtzig Jahren ist das Biohotel Daberer in St. Daniel in Familienbesitz. Mit der Übernahme durch Marianne Daberers Eltern kamen auch die ersten Schritte in Richtung Bio, damals eine Pionierleistung. „Ich bin schon bio geboren", lacht die Jungchefin und schüttelt den dunklen Haarschopf. Sie führt mit ihrem Bruder Christian den biozertifizierten Betrieb nach einem umfassenden Gesamtkonzept. Denn heute seien die Gäste nicht mehr alternativ, eher bewusst und auf Nachhaltigkeit bedacht. Die ist beim Daberer zu spüren. Holz, Lehm, Leinen und Loden strahlen natürliche Wärme ab, bereits beim Frühstück wird Feines aus der Bioküche aufgetischt. Aber nicht nur. „Wichtig ist das Regionale." Das ist es auch, was sie aus der Stadt wieder hierher gezogen hat. Die Natur, die Herzlichkeit der Menschen. Das gibt Kraft fürs Tagwerk, für ihre Devise: permanente Innovation im Kleinen. Die großen Aufgaben, wie etwa die Umstellung des Hotels auf ein rundum wärmeautarkes Haus, werden ohnehin im Familienverband gemeistert. „Wir sind eine anstrengende Familie im positiven Sinn", lächelt Marianne Daberer. Nicht ohne Stolz.

MARIANNE & CHRISTIAN DABERER
BIOHOTEL DABERER VITAL&SPA
St. Daniel 32, 9635 Dellach
Tel: 0043 (0) 4718 590, www.biohotel-daberer.at

Heimat beginnt zu Hause

„Ein eigenes Haus gibt Geborgenheit und starke Wurzeln."

ERNI GRATZER
HAUSTECHNIK - FASSADENBAU
9634 Gundersheim 35
www.zoppoth.net
Tel: 0043 (0) 4718 305

„Wohlfühlen beginnt bei der eigenen Kleidung."

INGE KRISTLER
MODEEXPERTIN
9640 Kötschach 186
Tel: 0043 (0) 4715 286

„Kleinigkeiten machen oft den Unterschied aus. Handgemachtes Gebäck etwa."

THOMAS MATITZ
BÄCKERMEISTER
9640 Kötschach 24
Tel. 0043 (0) 4715 357

„Schönes für die eigenen vier Wände kann auch praktisch sein."

ULRIKE WARMUTH
SCHENKEN - KOCHEN - GENIESSEN
9640 Kötschach 377
Tel: 0043 (0) 4715 670
www.koetschach.com

SCHAU SCHATZL GENIESS MA

Der Fall war nicht außergewöhnlich. Wohl aber die Reaktion. Als das kleine Lebensmittelgeschäft in St. Daniel dem Druck der Supermärkte wich und endgültig zusperrte, war der Aufruhr groß. „So ganz ohne Nahversorger? Das wollten wir nicht“, sagt Hubert Zankl als Käseproduzent und einer der Initiatoren. Und so zahlten die Bewohner des kleinen Ortes ebenso wie die umliegenden Bauern in einen gemeinsamen Topf, um ihr „Gschäft“ zu erhalten. Notare und Steuerberater arbeiteten unentgeltlich, die Politik unterstützte das neue Projekt, Verkäuferinnen wurden angestellt, und bald reisten Delegationen auch aus dem Ausland an, um das erstaunliche Konzept zu begutachten. Heute liefern – neben dem obligaten Grundsortiment – rund fünfzehn Bauern ihre Waren ins St. Danieler Gschäft, das von Gerhild Schmid virtuos geleitet wird. Nicht nur die Ortsansässigen kaufen hier ein, auch viele Gäste auf der Durchreise bleiben stehen und nehmen Speck vom Edelmetzger Salcher, Gailtaler Honig, geräuchterte Forellen, Bauernbrot, Loncium-Bier oder selbstgemachten Sirup mit. Um auch daheim so gut zu essen wie die St. Danieler.

ST. DANIELER GSCHÄFT, GERHILD SCHMID
REGIONALE DIREKTVERMARKTUNG
St. Daniel 53, 9635 Dellach
Tel: 0043 (0) 4718 8857,

Die Reifeprüfung

Gekäst wurde am Hof schon immer. Sozusagen nebenbei. Doch Hubert Zankl entschloss sich bald, ganz und gar auf die aromatischen Laibe umzusatteln, mit zehn Kühen und 20.000 Litern Milch pro Jahr. Größer will er gar nicht werden. Der Dellacher Biobauer – mit einer der ersten Zertifizierungen in Kärnten – und seine Frau Barbara teilen sich die Käseproduktion auf. Und zwar nach Sorten. „Den Bergkäse mache ich, die anderen Sorten meine Frau." Rund fünfzehn bis siebzehn Kilo wiegt so ein Bergkäselaib, und während der Reifezeit muss er alle zwei Stunden gewendet werden. „Nur in der Nacht, da steh' ich nicht auf", grinst Hubert Zankl. Ob der Käse gut wird, hänge von der Milchqualität und dem optimalen Reiferaum ab, nur zu einem geringen Teil vom Handwerk. Die Qualität beginnt daher auch am Anfang der Nahrungskette: Die Kühe der Zankls fressen ausschließlich Heu und Gras. Neben dem Bergkäse wird auch ein kräftiger Rotschmierkäse erzeugt und der „Camemberg", der fast sechs Wochen durchreifen darf. Ein paar Inspirationen haben sich die beiden bei einem Käsemeister in Frankreich geholt, jetzt freuen sich die Kunden des St. Danieler „Gschäfts" über den exzellenten Käse.

BARBARA & HUBERT ZANKL
KÄSEHOF
Stollwitz 3, 9635 Dellach
Tel: 0043 (0)4718 565, www.urerlebnisse.at

Die Mär vom Krendeln

In einem grünen Tale, da wuchsen einst zwei schmucke Mägdlein heran und wurden wohl im Wirtschaften unterrichtet, wie es sich geziemt. Doch gab es in diesem Tale auch eine besondere Köstlichkeit, der niemand widerstehen konnte. Es waren dies ganz wunderliche Nudeln, kleine, kunstvolle Teiggebilde, aufs allerfeinste gefüllt. Solch wunderbare Speise herzustellen bedurfte langer Übung, doch die beiden Schwestern zeigten gar flinke Fingerfertigkeit, dass, wenn sie die dampfende Schüssel bei Tisch auftrugen, jeder vermeinte, darin anstatt einer Speise schimmernde, anmutige Kunstwerke eines Goldschmieds auszumachen. Der Wohlgeschmack war jedoch unbeschreiblich, und so lobte ein jedermann ihre Tafel.

Für Gudrun und Ingeborg Daberer stehen die Kärntner Nudeln für die ganze Fülle des Lebens. Ohnehin, meint Ingeborg Daberer, koche sie am liebsten Kärntner Küche, denn das sei eben aus der Gegend so wie auch die Zutaten. Die Nudeln, die hier im Gailtal traditionell Krapfen genannt werden, hat sie schon als Kind geliebt. „Omas Nudeln waren die besten." Heute wird in ihrem „Gasthaus Grünwald" nicht nur beim jährlichen „Nudel Kuddelmuddel" gekrendelt, was das Zeug hält. Für Nicht-Kärntner: Die Teigränder werden kunstvoll zu einer Art Zopfmuster eingeschlagen. Für den echten Geschmack der Dinge brechen beide Schwestern gern eine Lanze. Im sonnigen, hellen Ambiente des Gasthof Grünwald darf die Speckseite noch ein halbes Jahr reifen, die Erdäpfel werden selbst ausgegraben, und die Neugier der Kinder wird gefördert, doch einmal Forelle zu kosten anstatt Fischstäbchen. „Wir verbieten nichts, aber Kinder merken schnell den Unterschied." Und auch die Erwachsenen, die gerne einen Blick in die offene Küche werfen und dann bei der Budel zum Plaudern stehen bleiben. In Vorfreude auf das, was kommt.

INGEBORG & GUDRUN DABERER
GASTHOF GRÜNWALD
St. Daniel 17, 9635 Dellach
Tel: 0043 (0) 4718 677, http://dellach.thelounge.net

Harte Währung

„Auch, wenn mir manchmal das Kreuz zu schaffen macht, ich biege es wieder hin.“

LEOPOLD DURCHNER
KUNSTSCHLOSSER
9640 Mauthen 13
Tel: 0043 (0) 4715 345

„Wer lieber auf Stein baut, als auf Sand, ist bei uns richtig.“

FRIEDL SEIWALD
BAUMEISTER
9640 Kötschach 127a
www.seiwaldbau.at

„Auf die Arbeit eines Meisters kann man sich verlassen.“

SIEGWART PICHLER
SPENGLEREI
9640 Würmlach 97
Tel: 0043 (0) 4715 88 38

„Es kann sehr spannend sein, unter die Räder zu kommen.“

SABINE PRESSLAUER
KFZ MECHANIKERIN
9640 Kötschach 331a
Tel: 0043 (0) 4715 8191

Uns pfeift keiner zurück, wenn wir für unsere Kunden im Einsatz sind!

Das

Es war einmal ein kreuzbraver Mann, der nach des Tages Müh und Arbeit im Sommer gern der Vögel Flug und Lieder beobachtete, im Winter aber sich auf Kufen auf dem Eise vergnügte. Eines Tages jedoch kam ein Gevatter des Weges, der schenkte dem Manne ein Bienenvolk. Die pelzigen, summenden Gesellen wuchsen ihm bald ans Herz, und er erwarb weitere Völker, umsorgte und pflegte die Bienen und ihre Königinnen, und so ward ihm das Bienenvolk schließlich so vertraut und zugetan, dass kein Stachel ihn traf und der Honig reichlich floss. Die Bewohner der umliegenden Dörfer aber lud er ein, seine bunten Bienenstöcke zu besuchen. Da war das Staunen groß und Alt und Jung freuten sich an den fleißigen Honigmachern.

Wenn Herbert Zwischenbrugger mit äußerster Behutsamkeit einen mit Waben gefüllten Holzrahmen aus dem Bienenstock nimmt, lässt nichts einen ehemaligen Eishockey-Crack vermuten. Ruhig und präzise ist jeder Handgriff, die Bienen scheinen die Störung kaum wahrzunehmen. „Die Bienen kennen den Imker am Geruch." Seit sich Herbert Zwischenbrugger vor mehr als zehn Jahren der „Apis Carnica", einer resistenten und besonders friedfertigen Bienenrasse verschrieben hat, ist am Rande eines Wäldchens bei Dellach eine kleine Stadt entstanden. Blau, rot und gelb sind die Häuser, viele aus Holz, manche aus Stroh. In diesen „Beuten" wohnt jeweils ein Bienenvolk, und nicht nur Schulklassen kommen hierher, um auf dem „Bienenlehrpfad" Neues über die Bedeutung der Bienen zu erfahren. 95 Prozent aller Kulturpflanzen werden von Bienen bestäubt, so der Imker aus Leidenschaft. „Ohne Bienen geht gar nichts." Feiner Waldhonig, Propolis, Wachs – alles, was aus dem Bienenstock kommt, fasziniert ihn. Nur über die Mär vom Bären als Honigräuber schüttelt er den Kopf. Der sei keine Gefahr, lacht er. „Wenn der Bär kommt, schenk ich ihm ein paar Völker."

HERBERT ZWISCHENBRUGGER
BIENENLEHRPFAD
Im Graben 84, 9635 Dellach
Tel: 0043 (0) 4718 8120

Die Wunderblume

Am Anfang war das eigene Kind. Und seine empfindliche, zarte Haut. Mit Liebe, Begeisterung und viel Gespür machte Edeltraud Kanzian Kräuterauszüge, rührte Essenzen und Cremen. Was ihr selbst und ihrer Familie so gut tat, das stand auch bald in den Regalen des neu eröffneten St. Danieler Geschäfts. Das war vor mehr als zwanzig Jahren. Heute geht die Produktpalette der Kräuterzauberin weit über Ringelblumencreme und Babyöl hinaus und Malve, Rose, Arnika finden ebenso ihre wohltuende Anwendung wie Kamille, Johanniskraut und sogar Aloe Vera. Nach Rasierlotion und Badesalz tüftelt Edeltraud Kanzian bereits an weiteren Ideen wie den St. Danieler Heublumenkissen. Die Therapeutin, die durch Zusatzausbildungen die Welt der Pflanzen und Blüten von vielen Seiten erfasst hat, hat im Frühsommer Hochsaison. Da wird gepflückt und gesammelt, getrocknet und angesetzt. Die zart duftenden Resultate liefert sie dann in das benachbarte Spa des Biohotels Daberer oder bis nach Deutschland. Als Botschafterin der Gailtaler Kräuterkraft.

KARNISCHE NATURKOSMETIK STRAHLEN
EDELTRAUD & LEOPOLD KANZIAN
Monsell 2, 9635 Dellach/ Gailtal, Tel. 04718/637
Mobil:066473580431, www.urerlebnisse.at

An der Angel

Einladend, behäbig und verträumt zugleich steht er da, der Landhof von Andrea Lenzhofer, und grün und blau könnten seine Wappenfarben sein. Grün, oder besser green, denn sozusagen vor der Haustüre erstreckt sich einer der schönsten Golfplätze Kärntens. Wer für diesen noch nicht reif ist, wird es im Handumdrehen. Und blau, weil das heitere Gemurmel der Gail, in der der Kärntner Himmel sein azurfarbenes Echo findet, den Fischern allerlei Verlockungen ins Ohr raunt. Wer hier morgens die Fliege macht, hat gute Chancen, schon zu Mittag seine frische Forelle auf dem Teller vorzufinden. Gebraten oder eben - blau. Und auch, wenn ihre Gäste die Mahlzeiten nicht selbst fangen, kommt bei Andrea Lenzhofer nur Regionales in bester Bioqualität in die Küche und auf den Tisch, von den benachbarten Bauern und den sonnigen Hochalmen. Von Gundersheim ist es nicht mehr weit bis aufs Nassfeld. Wo im Sommer sich die Bergwanderer ergehen, herrscht im Winter Gleitzeit: Im Tal auf den Langlaufskiern, hoch oben auf der Piste und als genussvoller Tourenskigeher.

ANDREA LENZHOFER
LANDHOF LENZHOFER
Landhof 1, 9634 Gundersheim
Tel: 0043 (0) 4718 3370, www.landhof-lenzhofer.at

Der Selbermacher

Manchmal führt der Weg nach vorne erst einmal zurück. Nach langen Jahren als Koch für die Mitarbeiter der Wildbachverbauung übernahm Markus Steiner den Hof des Onkels. Anstatt sie also zu verarbeiten, begann der frischgebackene Bauer Lebensmittel zu produzieren und gleich in atemberaubender Vielfalt. Es gibt wohl wenig, was am Hofe der Steiners nicht wächst oder hergestellt wird. Wie etwa das butterweich geräuchterte Schweinsfilet und der Speck, für den Markus Steiner die Ferkel gleich selbst züchtet. „So ist es wirklich ein echter Gailtaler Speck, mit Buchenholz geräuchert." Auch die Bio-Forellen tummeln sich in Teichen hinter dem Haus, und die Hirschsalami äst einstweilen noch im Gatter oben am Hang. Die Hühner gackern im Stall, im Hofladen liegen die handgemachten Nudeln einträchtig neben den Obstbränden und Anneliese Steiner schiebt in der Küche die Brotlaibe für den nächsten Markttag in den Ofen. Biobauer sein sei kein Ruhekissen, meint Markus Steiner und lächelt breit. „Da musst du eben ständig was Neues bieten, damit die Leute beim Einkaufen über dich reden."

ANNELIESE & MARKUS STEINER
BIO BAUERNHOF DIREKTVERMARKTER
Lenzhof 2, 9634 Gundersheim, Tel: 0043 (0) 4718 20927

Der goldene Laib

Gastfreundschaft hat hier Tradition. Bereits vor hundert Jahren hatte sich der Urgroßvater mit seinem Gasthof als Kantine für den k.u.k. Militärstützpunkt beworben. Trotz magerer Jahre ging es bald hoch hinaus – nämlich auf die umliegenden Almen. Seit den 1920er Jahren wird von der Familie Warmuth auf der Bischofalm selber gekäst. Die goldgelben, gereiften Laibe, die Josef Warmuth dann in Händen hält, sind echter Gailtaler Almkäse, eine EU-geschützte Marke. Dafür bleibt der Vater den ganzen Sommer droben auf der Höhe, gemeinsam mit einer Sennerin und einem Hirt. Heute sei es leichter als vor fünfzehn Jahren, so Josef Warmuth, Almpersonal zu bekommen. „Es ist keine leichte Arbeit, aber am Ende des Tages habe ich ein hochwertiges Lebensmittel geschaffen." Gute Abnehmer dafür sind die vielen Gasthäuser in Kötschach-Mauthen, und auch die Wanderer am nahen Karnischen Höhenweg kommen gerne zum Jausnen. Die Almwirtschaft folge eigenen Regeln, meint der Käsemacher. „Das ist mit der regulären Wirtschaft nicht zu vergleichen." Eben ein Generationenvertrag.

JOSEF & BARBARA WARMUTH VLG. BISCHOF
ALM-, LAND- UND FORSTWIRTSCHAFT
URLAUB AM BAUERNHOF
Würmlach 24, 9640 Kötschach-Mauthen
Tel: 0043 (0) 4715 319, www.bischof-gailtal.at

Der Gesang der Steine

In uralten Zeiten jedoch, als die Berge noch jung waren und vom Menschen nichts wussten, da wogten weite Meere, wo heute Rehe auf der grünen Flur grasen und der Bauer den Acker bestellt. Doch auf dem Erdenrund war nichts noch am richtigen Platze, und es hob ein großes Schieben und Drängen an, Feuer schoss aus der Tiefe und Stein wälzte sich auf Stein. Da hoben sich Gebirge aus den Fluten, stürzende Wasser gruben neue Täler, Länder entstanden, andere versanken. Wer aber heute mit offenen Augen über die Almen und zu den Berggipfeln hoch über dem Tale wandert, der kann es noch sehen, das in Fels eingeschlossene Meeresgetier und gar wundersame Wesen aus einer fernen, vergangenen Zeit.

Der Geopark Karnische Alpen ist ein Lehrstück aus der Erdgeschichte. Über 830 km² und über acht Gemeinden bis zu den Lienzer Dolomiten erstreckt sich der Streifzug durch die „unbelebte Natur", wie Gerlinde Ortner im Besucherzentrum in Dellach erklärt. Sie hat viel zu erzählen über das Spiel von Landschaft und Geologie und ihre Bedeutung als Lebensgrundlage. Ihr Geotrail schickt Wanderer weg von der Theorie, „ins Gelände, ins direkte Leben", nach Laas zum versteinerten Baum, zu den Fossilien am Wolayersee oder zu den dramatischen Felsformationen der Garnitzenklamm. Bester Ausgangspunkt für all diese Themenwanderungen: das Besucherzentrum des Geoparks in Dellach. Auch lebhafte Kinder staunen und werden ruhig in der Höhlenatmosphäre, vor den dunklen Wänden heben sich filigrane Fächer versteinerter Farne oder Muschelschalen eindrücklich ab. Besonders Lehrern empfiehlt die Wissenschaftlerin mit ihren Schülern hierher zu kommen. „Kinder sollten sich das ansehen, weil es das Leben erklärt." Und weil es zeigt, wie viel Leben auch in einem Stein ist.

GERLINDE ORTNER
GEOPARK KARNISCHE ALPEN
Dellach 65, 9635 Dellach/Gail
Tel: 0043 (0) 4718 301-17, www.geopark-karnische-alpen.at

Der Natur auf der Spur

Die

Hoch oben auf dem Berg, fernab von den wilden Wassern des Tales, lag eine grüne Wiese. Hier trafen einander Elfen und Waldfeen, um zwischen den Blüten zu tollen und von Nektar und Tautropfen zu kosten. Seit Menschengedenken hatte kein Bauer sein Vieh hier herauf getrieben, zu karg war der Boden und zu mager. Nur manchmal kamen Tagelöhner zum Mähen und trugen das ein oder andere Fuder Heu davon. Als jedoch die Menschen begannen, die Berge hinaufzuklettern, um Gottes schöne Erde auch von oben zu betrachten, wurden sie der Wiese und ihrer sinnverwirrenden Blumenpracht gewahr und beschlossen, diese für die Nachwelt zu bewahren. Und wer genau hinhört, kann an manchen Sommermorgen heute noch Elfen kichern hören.

Dass es sich bei den Almen „Auf der Mussen" um Magerwiesen handelt, vernimmt der Betrachter mit Erstaunen. Immerhin wachsen hier auf fast zweitausend Meter Seehöhe mehr als 500 Pflanzenarten, Blüten leuchten in allen Farben, darunter so seltene Blumen wie die „botanische Königin", die Paradieslilie. Und doch ist es der Wassermangel auf dem Dolomitenkalk, der die Blütenvielfalt begünstigt hat, so wie auch die nahe Scharte des Plöckenpasses, durch die manch Pflanze und Tier aus dem Süden sich auf diesem Bergstock ansiedeln konnte. Der Mensch, der vor Jahrhunderten durch Rodung diese freie Almfläche angelegt hat, sorge auch heute durch Mähen für den Erhalt der Lilien und Orchideen, meint Herbert Zojer aus Kötschach-Mauthen, der einen botanischen Wegbegleiter zu den Bergblumen auf der Mussen verfasst und reich bebildert hat. „Hier wurde nie gedüngt, und gemäht wird erst nach dem Abblühen." Dieser Reichtum ließ auch die Besitzer der Almen einstimmig für ihre Aufnahme in das Natura 2000 Schutzprogramm sprechen. Um die Pracht der Blumenkönigin auch für zukünftige Generationen zu erhalten.

MARKTGEMEINDE KÖTSCHACH-MAUTHEN TOURISMUSBÜRO

9640 Kötschach-Mauthen 390, Rathaus
Tel: 0043 (0) 4715 8516, www.koemau.com

Einfach berührend

Entspannung ist angesagt - wenn es dem Körper gut geht, kann auch die Seele lächeln.

Wenn es zwickt und zieht und sich verkrampft, hat das viele Ursachen. Stress oder auch zu viel Sport, eine ungeschickte Bewegung ebenso wie zu viele Stunden vor dem Computer. Der Weg zur nächsten Wohltat ist in Kötschach-Mauthen nicht weit. Denn zum Genuss gehört auch ein entspannter Körper, und wer sich in seiner Haut so richtig wohlfühlt, der kann alle Sinne öffnen und die Schönheit der Natur und des Lebens in sich aufnehmen. Und auch davon gibt es rund um Kötschach-Mauthen von der Gail bis zu den Gipfeln mehr als genug.

„Ich kümmere mich um die Gesundheit. Dann kommt das Wohlfühlen ganz von alleine."

ASTRID SCHELLANDER HEILMASSEURIN *(li.)*
9640 Kötschach (Aquarena), Tel: 0043 (0) 650 5105949

„Verspannungen braucht niemand. Das Leben ist spannend genug."

GISELA STEINBERGER MASSAGEFACHINSTITUT *(mi.)*
9640 Kötschach 25, Tel: 0043 (0) 664 351 57 51

„Für den Berg muss man locker und fit sein. Ich kümmere mich darum."

ALEXANDRA RAUCH MASSAGEPRAXIS *(re.)*
9635 Dellach 133, Tel: 0043 (0)650 2440787

„Farbe alleine genügt nicht. Aber mit zwei, drei Pinselstrichen lässt sich das innere Strahlen auch nach außen bringen."

HELGA MÖRTL KOSMETIK & FUSSPFLEGE
9640 Kötschach 96, Tel: 0043 (0) 4715 248 14

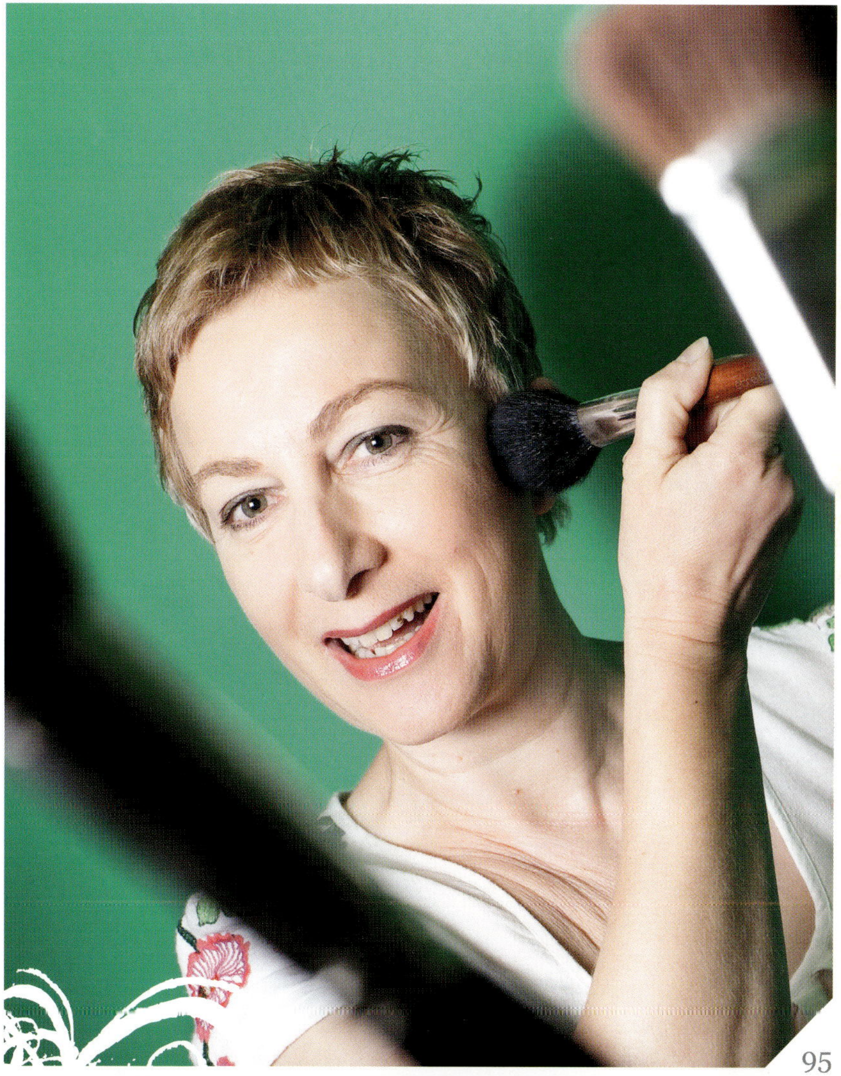

Der lange Weg auf der Höhe

Ganz zuhinterst, wo das Tal schon fast zu Ende ist, lebte ein kleines Mädchen. Der Vater war ein rechtschaffener und kunstfertiger Mann, der sein Brot mit Hobel und Leim verdiente. Doch wenn das Frühjahr ins Land zog, jauchzte das Mädchen, denn dann stieg es mit den Eltern den Berg hinan, bis zum Fuße der Gipfel, bis zu einer kleinen Hütte, von der man weit über das Tal blicken konnte. Dort hießen Blüten und Vögel, Wind und Steine und selbst die scheuen Murmeltiere die kleine Sennerin willkommen, und jeder Sommerabend schenkte ihr die Sterne vom Firmament.
Als das Mädchen jedoch zu einem schmucken, jungen Weibe herangewachsen war, blieb sie dem Berg und der Hütte treu und ward als Herbergswirtin bald weithin berühmt.

Dass sie als Lehrerin keine Anstellung bekam, findet Ingeborg Guggenberger wunderbar. „Das Schicksal war gnädig mit mir." Als in den 1970er Jahren der Karnische Höhenweg auf dem längsten, durchgehenden Kamm der Ostalpen entstand, war das Hochweißsteinhaus bereits fixer Anlaufpunkt für Bergwanderer. Der Vaters warnte vor mühsamer Arbeit und unsicheren Zeiten, doch die Tochter entschied sich für den Berg. Von der Klofrau bis zur Psychologin sei sie hier alles, lacht die Hüttenwirtin, wenn die Gaststube voll sei. Prominente Gäste bleiben jedoch inkognito. „Autogramme gibt's nicht." Dagegen gibt es eine Speise- und Weinkarte, die auf 1.868 Metern Seehöhe ihresgleichen sucht. Weil ihr bei Würstel, Kraut und Kaiserschmarrn immer etwas gefehlt hatte, suchte die Wirtin in der Region. Das Resultat: feiner Speck und Wurst vom Edelmetzger Salcher, Zotter-Schokolade, Käse und Kräutertees aus dem Tal und selbst angesetzte Schnäpse. Und auch Österreichs beste Winzer sind vertreten. Als „Bergsteigeressen" jedoch gibt's oft Risotto. Als Gruß nach Italien, gleich hinter dem Bergkamm.

INGEBORG & MARIAN GUGGENBERGER
HOCHWEISSSTEINHAUS
Klebas 27, 9653 Liesing/Lesachtal
Tel: 0043 (0) 676 7462886, www.hochweisssteinhaus.at

Gipfel der Sehnsüchte

„Wenn der Berg ruft, stehe ich bereit für Gipfelstürmer und die, die es werden wollen."

WILFRIED PRÜNSTER
TAXIDIENST
9640 Kötschach 49
Tel: 0043 (0) 4715 355

Ob als Belohnung oder als Trost – Bergfexe bekommen bei mir „klarste Medizin".

ELFI SALCHER
PLÖCKENHAUS-WIRTIN
9640 Plöckenpaß 1
Tel: 0043 (0) 4715 248 48

„Die beste Ausrüstung gibt's bei mir. Die Verantwortung bringt jeder selber mit."

HUBERT PUTZ
SPORTFACHHÄNDLER
9640 Kötschach 60
Tel: 0043 (0) 4715 375

„Bergsteigen ist mehr als Sport - Bergsteigen ist eine Leidenschaft die man gerne mit anderen teilt."

JÜRGEN KANZIAN
ALPINAKADEMIE
in memoriam
www.bergfuehrer.cc

Zeit zu rasten

Auf Herz und Nieren

Ein junger Mann hatte das Handwerk des Arztes erlernt, und nach langen Jahren an den berühmtesten Schulen des Landes war er schließlich bis in ein liebliches Tal gelangt, wo man ihn freundlich aufnahm. In einem schmucken Hause, von dem aus er weit über die grünen Wiesen und stolzen Wälder blicken konnte, kurierte er alsbald so manches Zipperlein der Dorfbewohner, stärkte Herz und Lunge der Bresthaften und machte weithin von seiner Heilkunst reden. Da wollten die Leute aus der Hauptstadt dem Dorf ihren Arzt streitig machen und boten viele Gulden, wenn er nur wieder zurückkehrte. Er aber war's hier zufrieden, nahm des Abends lieber Geige und Klarinette zur Hand, und alsbald zog eine heitere Weise bis ins Tal.

Auf einem grünen Hügel über Kötschach, auf rund 1000 m Seehöhe kaum allergiebelastet, liegt das Krankenhaus Laas. Seit langen Jahren ist Johannes Hörmann hier Primarius, mit einem eingespielten Team, das seine Philosophie teilt. Die steht unübersehbar gemeißelt neben dem Eingang: Wo die Medizin dem Menschen dient und die Natur noch Stimme hat. Natur gibt's ringsherum jede Menge – nun wird sogar eine Rampe ins Grüne für die Patienten gebaut – und wirklich ist auch im Krankenhaus eine wohltuende Atmosphäre von Zuwendung und Aufmerksamkeit zu spüren. Mit der Schilddrüsenambulanz hat sich der Primarius einen Namen gemacht, und mit seiner Diabetologie, die mit 75 Insulinpumpen ausgestattet ist, ist er ohnehin führend in Kärnten. Ein aktuelles Thema, denn die idyllische Lage des Spitals bedeutet kein Abseits: Einmal im Jahr werden daher beim Diabetes-Tag Infos und Neuigkeiten mit Spezialisten im Therapie- und Pharmabereich vermittelt.

Früher kurierte man in Laas bis zu 200 Tuberkulosekranke, heute werden hier viele Herzpatienten nachbetreut. Und wer weiß, vielleicht wird einem mit Bergblick schneller wieder leicht ums Herz?

PRIMARIUS JOHANNES HÖRMANN
LANDESKRANKENHAUS LAAS

Laas 39, 9640 Kötschach-Mauthen
Tel: 0043 (0) 4715 7701, www.lkh-laas.at

Wir sind unseren Nachkommen

verpflichtet!
Gailtaler
Keine SAU
will Genfraß
Kinder

HerzKraft INDEX

GESUNDHEIT & WELLNESS — *Seite*

SHOPPING — *Seite*

KULTUR/KUNST/ENTDECKUNG — *Seite*

SERVICE — *Seite*

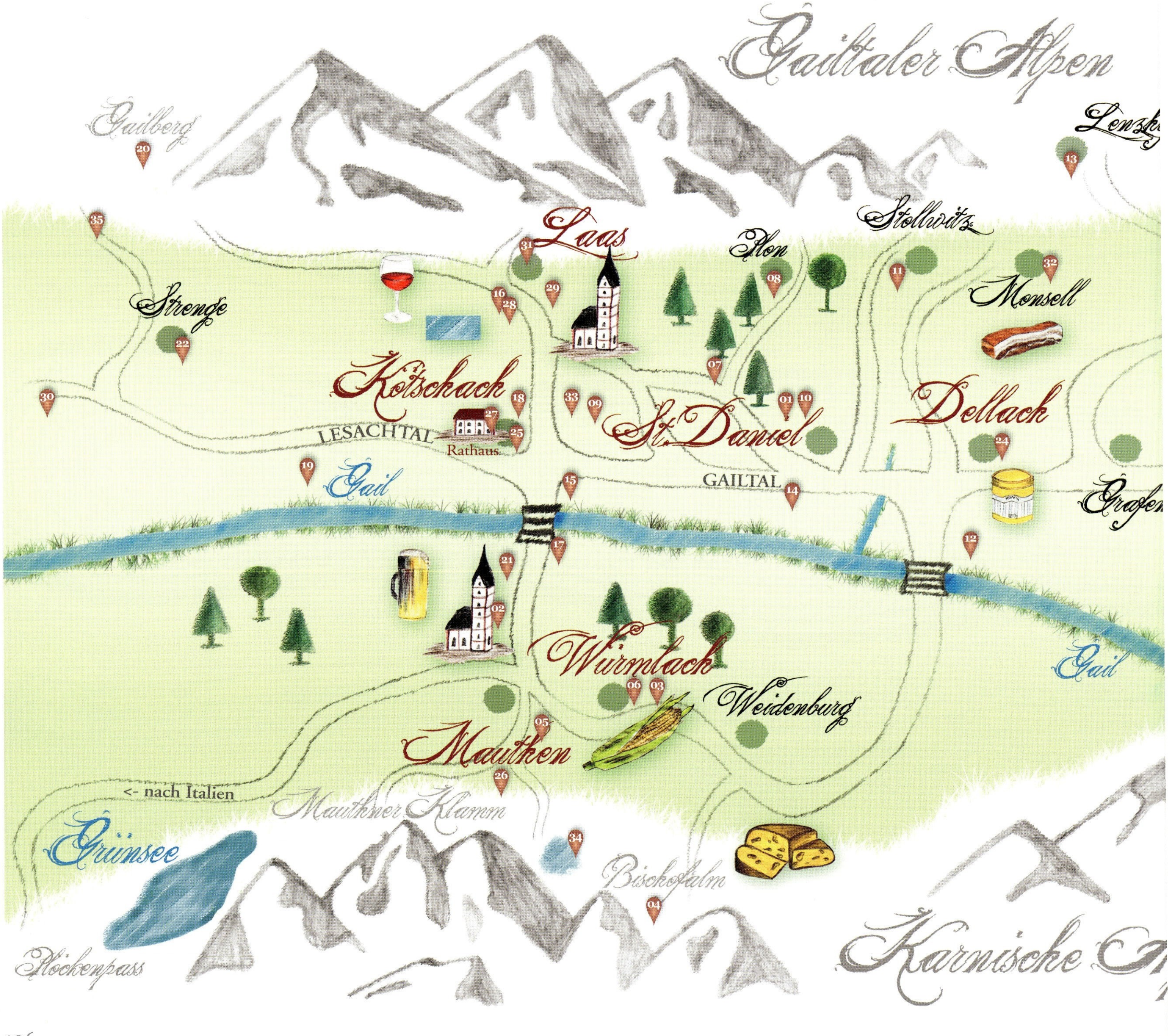
Gailtaler Alpen
Gailberg
20
Lenzk
13
35
Laas
31
Stollwitz
Plon
08
11
32
Strenge
16
28
29
Monsell
22
07
Kötschach
18
33
09
01
10
Dellach
30
27
LESACHTAL
25
Rathaus
St. Daniel
24
19
Gail
15
GAILTAL
14
Grafen
17
12
21
02
Würmlach
Gail
06
03
Weidenburg
05
Mauthen
26
<- nach Italien
Mauthner Klamm
34
Grünsee
Bischofalm
04
Plöckenpass
Karnische

Illustration: Hannah Mooslechner

Für die, die ihn kennen, ist fürs erste alles gesagt. Den anderen sei hier die wunderbare Welt des Herwig Ertl in fünf Sätzen erklärt. Oder besser in fünf Botschaften, wie er selbst das formulieren würde.

Portrait eines Botschafters

EDELGREISSLER: Krämer oder Tante-Emma-Laden sind nur hilflose Versuche, einen österreichischen Greißler zu beschreiben. Wenn dieser sich dann mit einem handverlesenen Sortiment in seufzerlösende Höhen schraubt und damit Gourmets bis ins hinterste Tal lockt, dann handelt es sich eindeutig um einen Edelgreißler wie Herwig Ertl.
KÄSESCHOKOLADE: Damit hat – fast – alles begonnen, mit diesem Kurzschluss zweier Querdenker, zweier Pioniere. Die gemeinsam erdachte Käseschokolade von Josef Zotter mit echtem Gailtaler Almkäse ist heute Legende. So wie die Freundschaft der beiden Ritter unter dem Banner des guten Geschmacks.
GENUSSFESTSPIEL: Schlichtweg der kürzeste Weg vom Produzenten zum Genießer. Das Prinzip: Herwig Ertl sucht einen stilvollen Rahmen und den passenden Gastronomen, bittet seine besten Produzenten samt ihren Delikatessen dazu und fertig ist das große Schmausen. Wer hier Gast ist, erlebt ein Festspiel für alle Sinne.
GRENZENLOS: Heimat hört nicht bei der Landesgrenze auf, pflegt Herwig Ertl zu sagen. Daher finden Genussfestspiele abwechselnd in Österreich, Italien oder Slowenien statt. Denn Genuss kennt keine Grenzen, den besten Vorgeschmack dazu zeigt das Sortiment der Edelgreißlerei in Kötschach-Mauthen.
BIO: Labels sind gut, aber viel wichtiger für Herwig Ertl ist es, seiner eigenen Spürnase nachzugehen und sich für ein ehrliches Produkt zu entscheiden. Denn Bio heißt in Herwig Ertls Welt „Bin in Ordnung". Und das bedeutet, einander in die Augen blicken zu können. Dafür lohnt es sich auch zu kämpfen.

IERWIG ÜBER
ARBARA HUTTER
OURNALISTIN

Heute findet Journalismus leider großteils nur mehr vom Büro-isch aus statt. Der Grund? Sparen. 'ür dieses Projekt war Barbara edoch tagelang unterwegs, um auf 'einheiten näher einzugehen und Ienschen und ihre Ansichten im :östlichsten Eck Kärntens genau-r zu entdecken. Auf der Spur von Emotion und Begeisterung. Weil ch Barbara schon lange kenne und veiß, dass ihr die Menschen wichtig ind, hat sie mir den Wunsch erfüllt, ür mich dieses Buch zu schreiben. Jeder Hauptdarsteller wurde be-ucht, und sie war begeistert, welche großartigen Menschen sie dabei kennen lernte.

Danke Barbara

Mich brauchen Sie nicht suchen!
So finden Sie mich:
Tel: 0043 (0) 676 6464688

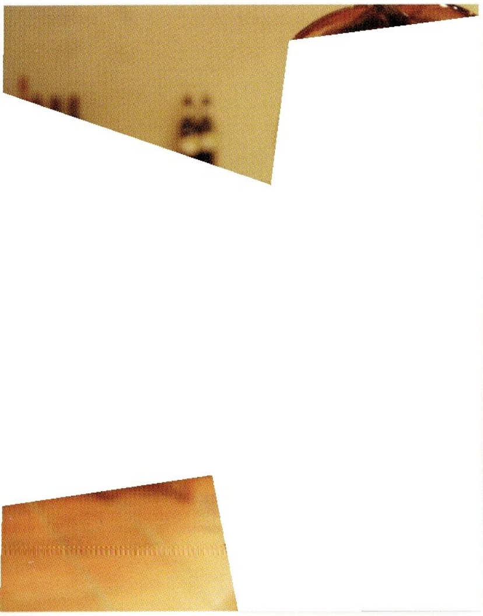

HERWIG ÜBER
FERDINAND NEUMÜLLER
FOTOGRAF

Das Foto muss aber gratis zur Verfügung gestellt werden! So heißt es meistens bei Berichten und Einschaltungen und sogar hochpreisigen Magazinen. Warum darf ein Foto nichts kosten? Wie oft drückt man den Knopf beim Fotoapparat bis ein Bild gefällt? Hat Fotografie nicht mit Kunst zu tun? Der Blick, der Mensch, die Umgebung, die Achtung vor den Produkten? Solche Bilder strahlen Lebensfreude aus, und deshalb muss man einfach beginnen, dem Fotografen wieder den Stellenwert einzuräumen, den er früher hatte. Ein Bericht lebt vom Bild. Daher danke ich Ferdinand, dass er mit mir dieses Projekt realisiert hat.

Danke Ferdinand

Mich brauchen Sie nicht suchen!
So finden Sie mich:
Tel: 0043 (0) 676 3201958

HERWIG ÜBER
KARIN WALDNER-PETUTSCHNIG
VERLAGSPROFI

Ich kannte Karin nur aus Erzählungen von Ferdinand. Auch wusste ich, dass sie selbst Journalistin ist und früher einmal die Chefin eines Verlages war. Diesmal wollte ich das Buch im Eigenverlag machen, aber mit Karin und einem professionellen Team das verwirklichen, was wir alle möchten. Das hieß, mit viel Herzkraft unsere Ideen selbst ausführen, da die Emotionen und die Begeisterung nur so transportiert werden können. Und das ist nur möglich, wenn wir es alleine machen. Niemand würde diese Kosten übernehmen. Und heute bin ich Ferdinand dankbar, dass er mir Karin vorgestellt hat, unsere großartige Buchmacherin.

Danke Karin

Mich brauchen Sie nicht suchen!
So finden Sie mich:
Tel: 0043 (0) 664 307 2904

HERWIG ÜBER
BENI MOOSLECHNER
GRAFIK-DESIGNER

Jeder hat eine Mailadresse, das hier ist meine! Diesen Satz las ich, als mir durch einen Zufall Beni ein Foto zukommen ließ. Ich klickte sofort seine Homepage an und wusste, das ist jemand, der zu mir passt. Flexibel, schnell in der Umsetzung und ideenreich. Und so holte ich Beni in mein Team. Dass er wahrscheinlich beim Layout die härteste Arbeit hatte, sehen wir, wenn wir jetzt das Endprodukt in der Hand halten. Jede Seite wurde liebevoll und mit viel Herzkraft bearbeitet, und heute bin ich stolz, dass es mir gelungen ist, Beni für dieses Projekt zu gewinnen.

Danke Beni

Mich brauchen Sie nicht suchen!
So finden Sie mich:
www.grafik.mooslechner.com

Unterstützer mit HerzKraft

I feel Slovenia, I feel love! *Seit 20 Jahren begeistern wir als Slowenisches Tourismusbüro von Wien aus unsere Nachbarn für unsere schöne Heimat. Wir wissen, dass ein wertvolles Logo alleine nichts nützt, um Menschen ein Land näher zu bringen. Auch wenn es der Nachbar ist. Gute Nachbarschaft ist jedoch nur möglich, wenn man sich für einander einsetzt und den Gästen Herz und Sinne für Menschen und Kultur öffnet. Gerne sind wir bei diesem Projekt dabei, weil wir im Genussfestspieler Herwig Ertl einen Freund und Unterstützer gefunden haben.*

SLOWENISCHES TOURISMUSBÜRO
Opernring 1/R/447, A- 1010 Wien
T: +43-1-715 40 10 F:+43-1-713 81 77
info@slovenia-tourism.at
www.slovenia.info

EINFACH LEBEN! *Wir wünschen Zeit, um einfach zu leben. Denn nur wenn wir es schaffen, die Einfachheit zu schätzen, dann sind wir am richtigen Weg, um Strukturen zu erhalten. Da wir das gleiche Ziel mit unserer Privatbrauerei verfolgen, unterstützen wir die Botschafter des köstlichsten Eck Kärntens, weil wir nur gemeinsam „Einfach Leben" können.*

PRIVATBRAUEREI
Brauhausgasse 21
5162 Obertrum Salzburg
Tel: 06219 74 110
www.trumer.at

Erst erklang die slowenische Hymne und die Genussbotschaft auf Slowenisch. *Dann wurde die dreisprachige Ortstafel enthüllt zu den Klängen der Europahymne. Da war allen klar, was hinter der Idee der Genussfestspiele steckt. Die Genussfestspiele sind wahrlich die Würze der Alpen-Adria-Region. Um dies zu erhalten, lohnt es sich zu kämpfen, nicht nur für uns Produzenten, sondern auch für alle Kunden und Freunde. Deshalb unterstützen wir dieses Projekt.*

SALINEN SECOVLJE
Seca 115, 6320 Portoroz
TeL. 00386 5 672 13 30
www.soline.si

Und führe uns nicht in Versuchung *... nur wegen des günstigen Preises zu einem Produkt zu greifen, ohne auf die Qualität zu achten. Seit 85 Jahren leisten wir durch ehrliche Qualität Pionierarbeit bei Spezialölen in der Steiermark und freuen uns, die Wegbereiter der Kulinarik im köstlichsten Eck Kärntens zu unseren wertvollen Kunden zu zählen. Weil wir ihre Ansichten teilen, unterstützen wir dieses Projekt.*

JULIA FANDLER
Prätis 1, 8225 Pöllau, Steiermark
Telefon: +43/3335/2263,
www.fandler.at

Herwig hat ein großes Herz *für unsere Alpen-Adria-Region, für seine Kunden und besonders auch für uns Produzenten. Er hat es schon lange verstanden, grenzenlose Freundschaft mit den Produzenten und Kunden durch die Genussfestspiele zu leben und führt Regionen zusammen. Für diesen Einsatz und für unsere Freundschaft möchten wir uns bedanken und unterstützen das Projekt gerne, weil Herwig für uns „UNIKO" ist und wir uns im köstlichsten Eck Kärntens immer zu Hause fühlen.*

AZIENDA AGRICOLA SANCIN
Loc. Montedoro – Mont 173
34018 Trieste / Italien
Tel: 0039 329 2126972
www.sancin.com

Den Mut haben, *neue Wege zu gehen, sich gegen den Widerstand zu stellen, aufzuklären und konsequent sein Ziel zu verfolgen, um etwas zu erreichen, das ist auch unsere Art. Wir haben Trachtenmode wieder salonfähig gemacht und andere dazu inspiriert, wieder kreativ mit einem wertvollen Produkt umzugehen, so wie die Botschafter des köstlichsten Ecks Kärntens. Deshalb unterstützen wir dieses Projekt.*

THOMAS RETTL KILTS & FASHION
Freihausgasse 12
9500 Villach
Telefon: +43 (0)4242 268 55
www.rettl.com

IL MONGETTO
ROBERTO SANTOPIETRO
Cà Mongetto 10
15049, Vignale Monferrato (AL) – Italy
tel: +39 0142 933 469
www.mongetto.eu

Wir sind mit Herwig einer Meinung: *Heimat hört nicht bei der Landesgrenze auf! Wenn ich den Plöckenpaß überquere, spüre ich dieses Stück Heimat. Ich komme an einem Ort an, wo der Mensch noch zählt und die Qualität Stimme hat. Herwig ist ein Freund, der es versteht, mit Herzkraft auch für die Allgemeinheit da zu sein, und deshalb unterstütze ich das Projekt von Herwig Ertl. Weil er ein Vorbild für viele sein kann.*

DIESER
PLATZ
war für Sie
bestimmt.

Es ist immer schwierig, jemanden für ein Projekt als Unterstützer zu gewinnen, *da er nicht weiß, was entsteht und ob er einen Nutzen davon hat oder nicht. Es geht einfach um Vertrauen. Ich bedanke mich im Namen aller Beteiligten im köstlichsten Eck Kärntens für die Unterstützung und freue mich ganz besonders, dass diese aus aufrichtiger Anerkennung entstanden ist. Ich werde mich auch in Zukunft für meine Freunde und Partner einsetzen. Herwig Ertl*

Balsam für den Gaumen, *auch wenn er nicht aus Modena kommt, ist unser „Asperum", den wir in der größten Acetaia der Welt in Manzano bei Udine heranreifen lassen. Wir lassen mit viel Sorgfalt diesen einzigartigen Geschmack entstehen und unterstützen das Projekt, weil wir es gemeinsam mit Herwig Ertl geschafft haben, den österreichischen Markt zu betreten.*

ACETAIA MIDOLINI
Via delle Fornaci 1
33044 Manzano / UD
Tel: 0039 0 432 754555
www.midolini.com

Das Produkt ist wichtig. *Unsere Naturarena Kärntens bietet ein einzigartiges Angebot, ob im aktiven Wander-, Bade- oder Skiurlaub oder in der Kulinarik. Ein Produkt kann jedoch in Zukunft ohne Botschaft nicht überleben, deshalb freuen wir uns, dass wir in unserer Naturarena Menschen haben, die mit Herzkraft hinter der Region stehen, ihren Wert erkennen und diesen auch unseren Gästen vermitteln.*

KÄRNTENS NATUR ARENA
Hauptstraße 14
9620 Hermagor
Tel.: +43 (0) 4282 3131
www.naturarena.com

A.R.T. REDAKTIONSTEAM
GES.M.B.H.
Bergstraße 12
A-5020 Salzburg
Tel. 0043(0)662/822127
www.art-redaktionsteam.at

Herwig Ertl bezieht sich bei Marketing nicht nur auf sich selbst, *sondern bindet die ganze Alpen-Adria-Region ein. Daher sehen wir ihn als „Kärntner Außenstelle" für unsere Journalisten. Die geben sich nicht nur mit Pressemappen zufrieden, sondern möchten persönlich betreut werden, um Emotion und Aktualität in ihre Geschichten über Region und Mensch einfließen zu lassen. Für diesen Einsatz möchten wir uns herzlich bedanken und unterstützen sehr gerne dieses Projekt, weil es wirklich einzigartig ist.*

TRIUMPH INTERNATIONAL AG
Wiener Strasse 121-123
A-2700 Wiener Neustadt
Tel.: 02622 399-0
www.triumph.com

Auf den Körper zu achten, *ist wichtig. Ernährung mit den besten Produkten steht hier ganz vorne. Doch auch von außen muss der Körper gepflegt und gestützt werden. Wir arbeiten seit 125 Jahren daran, dass unsere Kunden sich in Ihrer Haut wohl fühlen. Seit mehr als 40 Jahren ist die Edelgreißlerei Ertl unser Partner, und es freut uns, dass wir immer noch die selbständigen Kaufleute beliefern können, die von Anfang an dabei waren. Dafür sind wir dankbar und unterstützen dieses Projekt.*

BITTE-GATTER
SCHLIESSEN